1000人の
エリートを育てた

爆伸びマネジメント

中尾隆一郎

かんき出版

はじめに

本書のマネジメント手法を**実践できるようになると、「自律自転する」人や組織を作れます。**自律自転、つまり**自ら考えて動ける人や組織**です。

これからの世の中、今まで以上に不確実性が高まり、想像してもいなかった変化が起こります。その結果、「こうしたら必ずうまくいく」という正解がどんどん見つけにくくなります。するとその変化に合わせて、その場その場で最適な判断を下し、素早く行動することが求められる。つまり、**誰もが自ら考えて行動できる「自律自転する力」**が、ますます必要になっていくのです。

ところが、この自律自転を阻（はば）む大きな力があります。それは「前例踏襲主義」です。どのような変化があったとしても、その時、その場での最適な判断ではなく「今までやっていたかどうか」という前例で判断をするのです。失敗しても責任回避ができるからです。

人は誰でも「考えて、行動」しています。しかし、それが前例踏襲主義では、うまくいかない

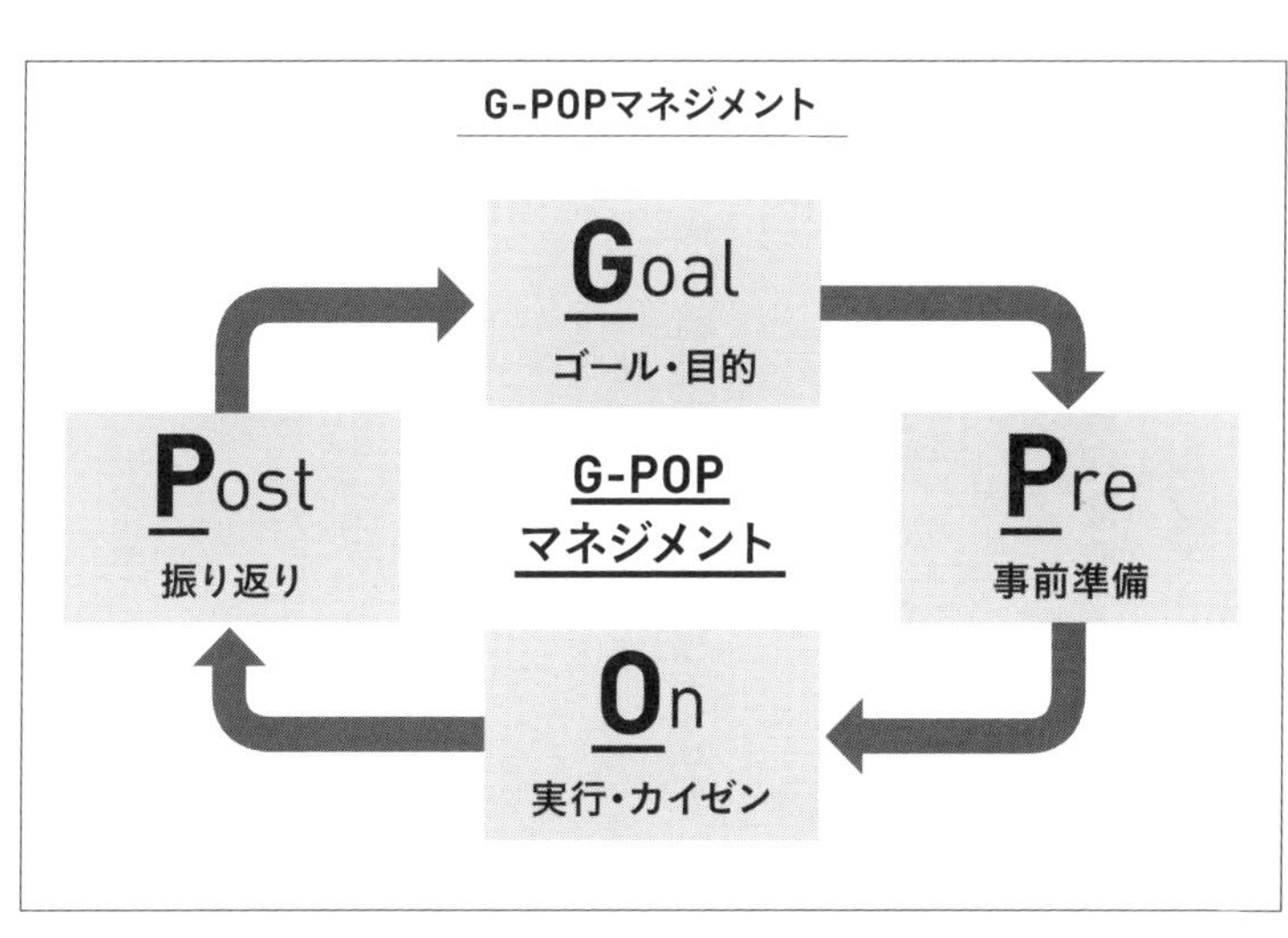

可能性が増えてきているのです。

では、どうすれば良いのか。

自律自転し成果を出しやすい「考え方」を習得すれば良いのです。それが本書で紹介する**G-POP（ジーポップ）マネジメント**です。G-POPマネジメントは、私が20年にわたり観察してきた成果を出すビジネスリーダー、ハイパフォーマーが共通に持つ考え方です。

ハイパフォーマーは、**どのようなときもGoal（ゴール・目的）を意識し続けます**。そしてどんなに時間がないときでもPre（事前準備）に時間をかけます。そしてOn（実行・カイゼン）しながら、変化に対応し続けます。そして結果が出たらPreとOnの差分を確認し、Post（振り返り）することで、次回に対する学びを得ます。

この4つのキーワードの頭文字をとって、私は**G-POPマネジメント**と呼んでいます。成果を出せないリーダーは、この4つのどれかが抜けているのです。

たとえば、変化に対応することに意識が集中しGoal（ゴール・目的）を忘れる。Pre（事前準備）を忘れ、すぐに着手する。そしてPost（振り返り）をしないので、類似の失敗を繰り返しているのです。

変化が大きい現代では、**G-POPマネジメントは、ビジネスリーダーはもちろんのこと、すべての人・組織に必要になってきている**のです。

■マネジメントと出会い、変わった私の仕事と人生

実は私は、過去何度もマネジメントで失敗をしてきました。正直に告白すると、私自身のキャリアの前半はマネジメントでの失敗の連続でした。

たとえば、初めて管理職（リクルート時代、求人事業の営業リーダー）になったときのこと。リーダー＝偉いと勘違いし、尊大に振る舞い、その結果、周囲から総スカンを食らいました。結局、数年間、その孤立状態を改善できませんでした。

この悪い関係性は「異動」で終止符を打ちました。営業部から本部組織に異動したのです。しかし、悪いうわさはついてきます。「中尾はチームマネジメントができない」というイメージがしばらくついて回っていました。

今でもこうやって当時のことを書いていると、色々思い出し、胃に苦いものを感じます。

その後、リクルートの本社部門に異動し、リクルート全社の管理会計再構築のプロジェクト責任者になりました。そのときも同様の失敗をしました。

当時、リクルートにはCW（キャリアウエッブ）制度（リクルートグループ内で異動する制度：本人が希望し、異動先が受け入れた場合、上司には拒否権がない仕組み）がありました。

管理会計の再構築プロジェクトが発足して1年。プロジェクトメンバーの過半数がこのCW制度で他部署へ異動することになったのです。通常CW制度で、異動希望者全員の希望が通るわけではありません。求人部署と異動希望者のニーズが合わないと異動は成立しないからです。ところが、プロジェクトメンバーが優秀だったので、求人部署とニーズが合致して、前述の過半数が異動する事態になったのです。

どちらにしても、「私（中尾）がマネジメントしているプロジェクトでは仕事をしたくない」というメンバーからの意思表明でもありました。

このメンバーの大量離脱に加えて、当時の上司であった取締役との折り合いも悪く、私は、子会社へ出向になりました。

今から思い返すと、**私がマネジメントに興味を持ち、マネジメントに必要なスキルを習得するきっかけになったのがこの出向だった**のです。

そして現在では、マネジメントを研究・実践することを事業にしています。まさに「禍福は糾える縄の如し」。何が幸いするか分かりません。

私が出向した子会社は、半年後にリクルートの1部門との統合を控えていました。そのときの私のミッション（任された業務）は、新会社のマーケティング責任者です。半年後の新会社が最高のスタートを切れるようにマーケティング施策、会社ＨＰ、商品説明ＨＰ、会社パンフレット、営業ツール、各種データ整備を担当しました。

これらの整備をするには、子会社とリクルートの統合対象部門のキーパーソン同士の調整が必要です。マーケティングのスキルも必要です。ところが、私のチームメンバーは、数名を除いて、これらを執行するためのスキルも経験も不足していたのです。

私のそれまでの仕事の進め方は、プロジェクトベースでした。プロジェクトが立ち上がると、必要なメンバーを社内外から調達し、プロジェクトを遂行し、与えられたゴールを達成するというものでした。つまり、与えられたミッションに合わせて、そのプロジェクトの期間だけ必要なスキルを保有するプロフェッショナルを集めて仕事をする形式だったのです。

しかし、今回は、与えられたメンバーでミッションを実現しなければなりませんでした。しかも、前述のように大半のメンバーは必要スキルを持っていないのです。

今から考えると、たいていの組織のリーダーは、いつもそうです。与えられたミッションとメンバーのスキルの間にギャップがあるのです。私は、頭ではそれを理解していましたが、そんな経験はありませんでした。

ところが、悪いことばかりではありません。それは、**メンバーがやる気に満ち溢れていたこと**

です。みな、新しい会社をより良いものにしたいという気持ちに溢れていたのです。それに加えて、みな素直でした。

一方の私は、本社から子会社に「飛ばされた」という気持ちでいっぱいの状態。私にはスキルはあったのですが、やる気が出てきませんでした。

そんな私でしたが、**メンバーのやる気に引っ張られたのです**。せっかく新会社設立に携われる機会でもあり、どうせ仕事をするのであれば、新会社が良いスタートを切れるようにメンバーのスキル育成などで貢献したいと思い直したのです。

1つの事実なのですが、**見方が変わると、思考、行動が変わります**。私自身が、見方を変え、その結果Goal（目的）を置き換えることができ、仕事に前向きになれました。メンバーの不足しているスキルは、私が代替する、あるいはメンバーを育成することで補填していきました。やる気いっぱいのメンバーは、スポンジが水を吸うように必要なスキルを自分のモノにしていったのです。

そのときに、初めてマネジメントって面白いかもしれないと思ったのです。

そして**マネジメントで失敗の連続だった私でも、その後、マネジメントができるようになりました。**自律自転するためのG-POPマネジメントという原理原則に気づいたからです。

G-POPマネジメントは、スキルです。スキルだから誰でも習得できます。

■ G-POPマネジメントは仕事のOS

仕事をするためには様々なスキルが必要です。その必要なスキルをコンピューターにたとえると、3種類に大別できます。

まず上から1層め。職種や業界あるいは会社ごとに必要なスキルである**「専門アプリケーション」**。このスキルがあることで、専門家として仕事を進めることができます。そして、このスキルは、職種、業界、会社ごとに個別性がかなり高いのです。

たとえば同じITエンジニアでも、大手金融系の勘定系システム開発に必要なスキルと個人向けのアプリ開発に必要なスキルは異なります。

同じくリクルートの営業職でも、大手マンションデベロッパー向けに必要な営業スキルとホットペッパービューティーで必要な営業スキルは異なります。

このように、職種、業界あるいは会社ごとに千差万別です。つまり職種によって習得しないといけないスキルの内容や量がかなり異なります。

2つめの中間層は、職種、業界、会社を超えて通用するスキル。**「汎用アプリケーション」**です。たとえば、ヒヤリング、プレゼンテーション、異文化コミュニケーションなど。もちろん立場が変われば、微修正は必要ですが、文字通り様々な場面で利用できるスキルです。

そして3つめ、一番下の基礎の層が**OS（オペレーティングシステム）**です。OSとは、いわば「仕事の進め方」。職種、業界、会社を超えて通用するのはもちろん、2つのアプリケーションのレベルを上げるためにも活用できるのです。

G‐POPマネジメントは、このOSにあたるものです。たとえば、汎用アプリケーションにあたるヒヤリングやプレゼンテーションでも、それぞれのGoal（ゴール・目的）を常に意識し、Pre（事前準備）に時間を使い、実際の場面でも柔軟にOn（実行・カイゼン）し、Post（振り返り）から学び続ければ、格段にスキルは向上するはずです。

あるいは、どのような営業活動でも活用できます。顧客別、あるいは期間別のG‐POPマネ

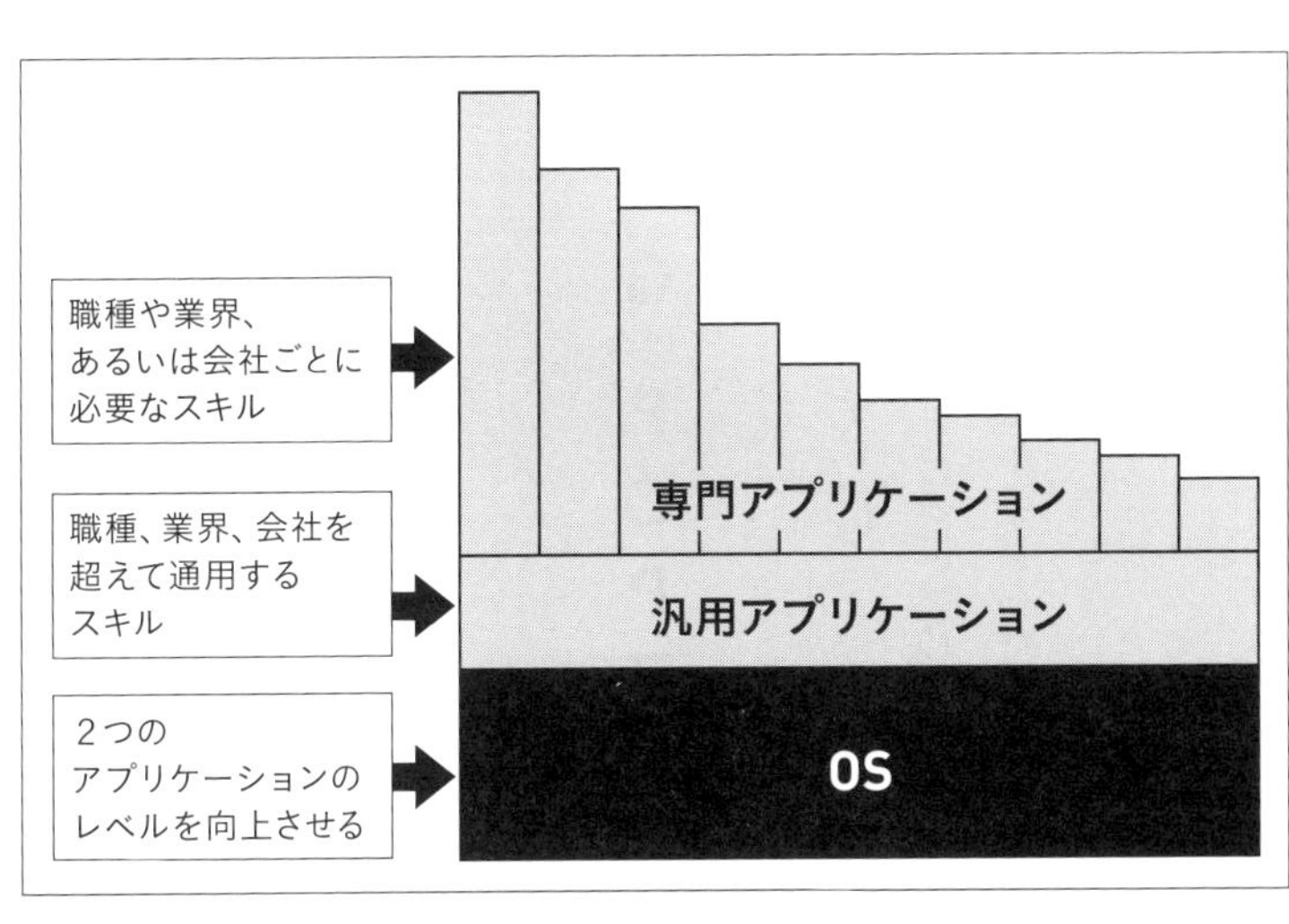

ジメントをすれば、業績向上が期待できるのです。

もちろんPC同様、OSは1種類ではありません。PCだけでもWindowsやmacOSがあります。スマホやサーバーでも何種類ものOSがあります。

G-POPマネジメントは「自律自転する人・組織」を作る場合のOS、という位置づけになります。

必要となる2つのアプリケーションとOSの比率は、職種、業界、会社ごとにかなり異なります。

たとえば、最先端の研究者・開発者・エンジニアなど特定分野の「専門家」には、1つめの専用アプリケーションの割合が高く求められます。これらの職種の専門家になるには、少なくても習得に10年以上が必要な「専用アプリケーション」のスキルが求められます。ここがないと最先端の専門家であり得ないわけです。

一方で、大半の仕事では2つめの汎用アプリケーションとOSにより、かなりの成果を出すことが可能です。

特に自律自転する人・組織を作りたい場合は、OSであるG－POPマネジメントの習得が不可欠です。

■ G－POPマネジメントの勘所

G－POPマネジメントは、私自身が29年在籍したリクルート時代に2つの「自律自転する人・組織」を作るために実践してきた方法と、多くのハイパフォーマーたちとその組織の観察、そして多くの書籍から学んだ内容（私は年間100冊以上の本を21年間読み続けています）がベースになっています。

1つめの組織づくりの経験は、リクルートの住宅事業で新規事業のスーモカウンターを6年間担当したときのことです。担当した6年間で売上30倍、拠点数12倍、従業員数5倍という急成長と生産性向上を実現しました。しかも、**急成長と同時に高い従業員満足と顧客満足、そして低い離職率も実現したのです。**

自律自転する組織である証拠として、私の異動後も成長を継続しています。今では拠点数20カ所、従業員数は住宅事業内で最大規模を誇るコア事業の1つにまで成長し続けていることが挙げられます。

もう1つは、リクルートグループが掲げた「ITで勝つ」を実現するためにIT子会社を3年間担当したときの経験。**3年間で従業員を150名から550名に急拡大させ、同時に多くの大規模プロジェクトを実現しながら、新メンバーの早期立ち上げ、高い従業員満足、低い離職率を実現しました。**

こちらも私の異動後も、リクルートグループのテクノロジー強化に寄与し続けています。実際、従来のリクルートへのイメージは、営業が強い、あるいは商品企画が強いというイメージでした。ところが現在では、最先端のテクノロジーを駆使する会社に変貌し、多くのエンジニアが活躍しています。

両事例とも、私がいなくても組織とメンバーが自律自転し続けているのです。

そして、詳しくは後述しますが、2019年に独立後、この「G-POPマネジメント」は、リクルート以外の組織でも「自律自転する人・組織」を作るのに有効な方法であることを確認し続けています。

3年前に自分の会社を立ち上げた際に、社名を**「中尾マネジメント研究所」**としました。私の名字を付けたのは、自分が提供するサービスや商品がイマイチであれば、自分の名前に傷がつくので、絶対にそんなことはしないという思いからです。そして「マネジメント」を一生「研究」し続ける意味でこの名前にしました。

ちなみに、社名に付けた「マネジメント」は、いわゆる狭義の「管理」ではなく、経営そのもの、つまり**「人間や組織に関係するすべてをうまく回すこと」**であり、具体的には、目的と状況に合わせて「何とかして成果を出す」方法論なのです。

そして、この本では、一緒に仕事をしてきた社内外の1000人以上の仲間とのやりとりで培った、**「何とかして大きな成果（爆伸び）を出す」マネジメント手法をまとめました。**

本書を読んで、ぜひG-POPマネジメントを実行し、習慣化させ、「自律自転する人・組織」を作る仲間になってください。

2021年12月　中尾隆一郎

3分でわかるG－POPマネジメント

G－POPは、前述のようにGoal（ゴール・目的）、Pre（事前準備）、On（実行・カイゼン）、Post（振り返り）という言葉の頭文字から作った造語です。

高業績を挙げ続けるハイパフォーマーは、常にGoalを意識し、Pre（事前準備）を行い、Onでは柔軟に対応し、その結果からPost（振り返り）し、今後の仕事の成功確率を高めています。

このG－POPというOS（オペレーティングシステム）を理解し、それを実際に実行することをG－POPマネジメントと呼んでいます。

当たり前ですが、G－POPを知っているだけでは、自律自転する人・組織にはなりません。常に実行することが重要なのです。

G-POPマネジメントを習慣化できれば、自律自転する人・組織になれるのです。個人で実施すれば自律自転する人になれます。そして組織で実施すれば自律自転する組織になれます。

それでは、G-POPの4つのポイントについて説明しましょう。

① Goal（ゴール・目的）

Gは、Goal、その仕事やプロジェクトのゴールや目的のことです。

このGoalが最も重要です。**ハイパフォーマーは、「常にこのGoalを意識」している**のです。

後で説明するPre（事前準備）のときはもちろん、On（実行・カイゼン）のときにも、そしてPost（振り返り）のときにも常にGoalを意識しているのです。

Goalを実現するためにPre（事前準備）し、Goalに近づくためにOn（実行・カイゼン）しているのです。そして最終的にはGoalと結果を比較してPost（振り返り）を行うのです。

重要なので繰り返します。ハイパフォーマーは常に「Goal」を意識しています。極論すれば「Goal」に関係あることだけをするのです。関係ないことはしないのです。

このGoalのポイントは次の2つです。

「最低限のGoal設定」と「凄いGoal設定」です。

世の中や社会の「潮目の変化」を読み、自分たちの日常的な仕事にどう意味付けするのか。

「凄いGoal」を掲げることで、自分を含む、メンバーがワクワクし、その結果、周囲が羨むような仕事、プロジェクトになるのです。詳しくは第1章で述べます。

ちなみに、「G-POPは、PDCAやコルブの学習サイクルと似ている」という意見を受けることがあります。一番の違いは、最も重要なGoal（ゴール・目的）の有無です。PDCAのスタートのPは計画であり、Goalを実現するための手段に過ぎません。コルブの学習サイクルは「経験」からスタートします。同じくGoalがないのが最大の違いになります。

② Pre（事前準備）

Preは、事前準備のことです。

「段取り八分、仕事二分」という格言があります。段取りが良ければ、成果の8割は出たのも同然だという意味です。逆に言うと、段取りが悪いと仕事はうまくいきません。この段取りが、

Pre（事前準備）のことです。

この段取りでは、「仕事の段取り」に加えて「人の段取り」も必要です。人の段取りとは、その仕事に対してチームメンバー一人ひとりが「やる気になる」ことです。

つまりPre（事前準備）のポイントも2つです、1つは、**ＰＥ（People Empowerment：やる気に火をつける）**と、もう1つが**ＰＭ（Project Management：仕事の段取り）**です。

せっかく「凄いGoal」設定をしたのです。チームメンバーにも、その「凄い！」を伝染させて「やってみたい！」と思ってもらいたいものです。

そこでＰＥ（People Empowerment）で、チームメンバーのやる気に火をつけます。ちなみに、ＰＥは１人で仕事をする場合も必須のポイントです。その仕事の意味付けをして、自分自身のやる気を上げるのです。

そして、もう１つのＰＭ（Project Management）。これは、プロジェクトマネジメントです。

ここでも私が伝えたいことは、**「段取り八分」**です。正しい段取り、つまりPre（事前準備）をすれば、自ずと成果がついてきます。

同じ努力するのであれば、より効率的に成果を出したいもの。プロジェクトマネジメントスキルのエッセンスを習得して、仕事の段取りを考えておきませんかという提案です。

ＰＥとＰＭの両輪で「凄いGoal」達成への確率を向上させるのです。

③ On（実行・カイゼン）

Onは、実行・カイゼンのことです。

このOn（実行・カイゼン）のポイントも２つです。

１つは、チームメンバーが実行しやすくするために**「持てる大きさの荷物にする」**ことです。チームメンバーの力量に合わせて仕事の大きさを変えることを、私は「持てる大きさの荷物にする」と表現しています。**要するに「仕事の分解」**の話です。

Pre（事前準備）で、段取りをすべてできれば良いのですが、それはかなり困難です。変化が大きい昨今では、Pre（事前準備）に十分時間が取れないことが多いからです。

そこで実行しながら、修正することが重要。相手の力量に合わせて「持てる大きさの荷物にする」のです。

Onでのもう1つのポイントは、カイゼンのための**Agile（アジャイル：俊敏に変化し続ける）**です。いかに時間をかけてPre（事前準備）しても、現実や現場が想定通りには進まないことがたくさんあります。

Pre（事前準備）は大事なのですが、より大事なことは実際に実行することです。そして、問題があればカイゼンし続けることが重要なのです。

Pre（事前準備）することに加えて、毎日、毎週何かを実行することで、成功に近づくことができるのです。

そのためには、チームメンバー一人ひとりが毎日、1週間で実行できる「持てる荷物の大きさ」にする必要があります。それに加えて、結果を元にアジャイル（俊敏に変化し続ける）すること、つまり結果に合わせてカイゼンし続けることが重要なのです。

アジャイルは、もともとシステム開発で始まったコンセプトです。現在では、それ以外の様々な場面で活用されています。ちなみにアジャイルは、トヨタのカイゼン活動が1つのインプットになりできあがったコンセプトでもあります。日本企業が本来得意なコンセプトでもあるのです。

④ Post（振り返り）

Postは、振り返りのことです。

Post（振り返り）のポイントも2つ。それは、**「再現性」と「再発防止」**です。

ハイパフォーマーは、必ずと言って良いほど、この2つの視点でPost（振り返り）を習慣化しています。

小さい単位では、毎日、毎週のアジャイルでの振り返り。大きくは、プロジェクト終了後の振り返り。観点はどれであっても共通です。

成功した仕事、プロジェクトからは、**「再現性」を高めるポイント**を学びます。つまり、今回成功できたプロセスを振り返り、次回類似の仕事をする場合の「成功の再現性」を高めるのです。同様に失敗したプロジェクトも振り返ります。次回は同じ失敗を繰り返さないための「再発防止」ポイントを学ぶのです。

「振り返り」というと、嬉しいとか良かったとか残念だったという「感想」を「振り返り」だと考えている人が少なくありません。

特に失敗したケースでは、「犯人探し」になるからと失敗に触れない人・組織が大半です。しかし、ハイパフォーマーは違います。失敗からも学ぶのです。これらがハイパフォーマーとの違いです。

本書は、「はじめに」に続いて、序章、1章：Goal（ゴール・目的）、2章：Pre（事前準備）、3章：On（実行・カイゼン）、4章：Post（振り返り）という構成になっています。

「序章」は、私がG-POPマネジメントをどうやって発見し、その汎用性を確認してきたかを説明します。

汎用性とは、私だけ、あるいは私が属したリクルートだけではなく、**どのような職場でも効果が出ることを確認している**ということです。

G-POPマネジメントの成り立ちや、汎用性をどのように検証したのかを確認したい方は、序章から読んでください。手早く読みたい方は、**「爆伸びポイント」**を中心に読んでください。

目次

はじめに

■マネジメントと出会い、変わった私の仕事と人生——4
■G-POPマネジメントは仕事のOS——9
■G-POPマネジメントの勘所——12
3分でわかるG-POPマネジメント——16

序章 G-POPマネジメントが生まれた背景

組織の成長とES、CSを同時に叶える——34
私が強烈に影響を受けた2人の上司——38
6年間で売上を30倍、拠点数12倍、従業員数を5倍にした私の方法——45
懸念事項を「事前準備」でつぶしていく——50
「実行力」を高める仕掛け——54

「振り返り」で組織の生産性を高める――58
G-POPマネジメントの汎用性を3段階で検証――63

第1章 Goal 仕事のワクワク度を高める「ゴール」

幹部間でもゴールの認識が異なることがある――72
■マネジメントに必要なゴールは2つ――75
どんな仕事でも挑戦したくなるゴールの力――78
最高の計画を描く①
時間軸をずらして考える――82
最高の計画を描く②
ゴールを魅力的な言葉に置き換える――86
最高の計画を描く③
市場規模から凄いゴールを描いた私の上司――88

最高の計画を描く④
達成できない場合に下方修正をするタイミング――91
最高の計画を描く⑤
異動先でゴールを設定する際のポイント――95
■新天地でも必要以上に意気込まない――95
■異動を13回経験した私のやり方――99
日常の業務で凄いGoalを設定する
MVVの「自分事化」が組織を強くする――106
■J&Jから学ぶMVV経営――109
■MVVを自分事化する4つの手順――112
■中尾塾に通う経営者たちの凄いゴール――116

第2章 Pre

段取り八分、仕事二分を目指す「事前準備」

マネジメントの質は、職場の関係構築で決まる――120

やる気に火をつける①
Why are you here? 何をするためにここにいるのか?——122
やる気に火をつける②
「やりたいこと」はなくても構わない——126
やる気に火をつける③
職場の「関係の質」を高める——130
■「あなたが言ったのであれば、信じよう」——133
やる気に火をつける④
仕事は自分で決めるのが一番——138
未来に備える①
未来の組織図をつくろう——145
■組織拡大を見据えて先回りして動く——146
■未来が見えると自発的に動いてくれる——147
未来に備える②
人材育成はROIが高い——152
■「現場の業務」を人材育成につなげるには——154

第3章 On

アジャイルな組織をつくる「実行・カイゼン」

今の仕事で成果を出す①
「体制図」で役割を明確にする――156
■体制図でチェックしておきたいのは、この3点――158

今の仕事で成果を出す②
「航海図」で因果関係を明確にする――164

今の仕事で成果を出す③
WCMをつなぐ――168
■過不足のない最適な任せ方とは――176

「予想外」に対応しながらゴールへ向かうには――182

実行しやすくするには①
自分の仕事の「位置付け」を知る――185

■ミッションの位置付けを理解すべき理由 —— 188

実行しやすくするには②
CSFを特定する —— 191

実行しやすくするには③
持てる大きさの荷物にする —— 196

実行しやすくするには④
KPIマネジメントが全体最適な組織をつくる —— 200
■人事戦略も組織づくりに有効 —— 203

カイゼンのためのアジャイル①
組織も個人も高速でカイゼンできる —— 206
■アジャイルの特徴 —— 208
■アジャイルは習慣で実現できる —— 211

カイゼンのためのアジャイル②
アジャイルをはじめるならこの4つ —— 214
■GCが「成功の循環」を生む —— 220

第4章

Post

成功の再現性を高め、失敗を防ぐ「振り返り」

なぜ振り返りができない組織、人が多いのか？――232

再現性を高める①
振り返りの日程は事前に決めること――237

再現性を高める②
ハイパフォーマーの要因を分析する――239

- **自分の「成功要因」を知らないハイパフォーマー**――240
- **残り9割のメンバーを戦力にする**――241
- **ハイパフォーマーは逆から考える、という事例**――245

再現性を高める③
部下の頑張りが評価に変わる！ 上司への働きかけ――250

■色付けと組織外へのアピール――251

再発を防止する

組織の「悪い兆し」を収集する――255
■失敗は表立って現れない――257
■「組織が失敗を生み出す」と考える――260
■ヒヤリハットを早く見つけるには――262
■「悪い兆し」を最速で把握する仕組みとは――264

振り返りから学ぶ①

査定と評価のFB――267

振り返りから学ぶ②

目標数字と評価の最適なバランス――272

振り返りから学ぶ③

ロングミーティングで失敗もオープンにする文化をつくる――276
■評価者、被評価者、新人、すべてにメリット――280

おわりに――282

ブックデザイン／小口翔平＋三沢稜＋須貝美咲（tobufune）
DTP／Office SASAI

序　章

G－POPマネジメントが生まれた背景

組織の成長とES、CSを同時に叶える

序章では、私のかつての職場での業務を通して、G-POPマネジメントの概要を説明します。

G-POPマネジメントの原型を発見したのは、2016年に私が副所長兼主幹研究員としてリクルートワークス研究所に在籍していたときのことでした。

リクルートワークス研究所は、**「一人ひとりが生き生きと働ける次世代社会の創造」**を使命に掲げている研究機関です。労働政策、労働市場、組織人事、個人のキャリア、キャリア教育、人材ビジネスに関する研究をしています。

当時の研究所長であった大久保幸夫さんから**「なぜ、中尾の担当した組織のメンバーは、楽しそうに自律自転して働いていたのか？　そのポイントをまとめてはどうか？」**とアドバイスをもらったのです。

大久保さんが興味を持ったのは、私が2つの組織で実践したマネジメントでした。

1つめは、私がリクルートの住宅領域子会社で新規事業担当役員を6年間務めたときのことです。「はじめに」で述べましたが、その6年間で売上数30倍、拠点数12倍、従業員5倍という急成長を実現。店舗あたりの売上2・5倍（30÷12）、従業員あたり売上5倍（30÷6）と生産性向上を両立しました。

しかも、これらの急成長と生産性向上と同時に高い従業員満足と顧客満足、そして低い離職率も実現したのです。

一般的に**組織が急拡大すると「ひずみ」が出がち**です。たとえば、急激な人員増に対して管理職の数と力量が不足し、そこに採用のミスマッチが加わって組織に混乱が起きるのです。その結果、顧客へのサービスの質の低下や、従業員の離職増加などが起きがちです。

ところが私が担当したこの組織では、急成長と生産性向上と同時に高い従業員満足度、高い顧客満足度、低い離職率を実現したのです。つまり、一般的には起きがちな急拡大によるひずみを起こさずに成長できたわけです。

2つめは、この直後に担当したＩＴ子会社の社長時代のことです。当時、リクルートグループは「ＩＴで勝つ」を標ぼうしていました。具体的には、**リクルートは2020年に人材サービスで世界トップ、30年には販促領域で世界トップに立つことを目標として掲げており、そのエンジンとなる「ＩＴ」を強化すると宣言していました。**

これを実現するために、３年間で優秀なＩＴ人材を１５０人から５５０人にまで、計４００人の仲間を増やしたのです。

この3年間で様々な高難易度の開発を実施しながら、大量採用、短期での戦力化、高い従業員満足度、低い離職率などを同時に実現したのです。つまり、ここでも急拡大によるひずみを起こさずに、実現したわけです。

これらが実現できたポイントをまとめるというのが、大久保さんからのお題だったわけです。

これらの結果だけを読むと、私がすごいマネジメント能力を持っていると思うかもしれません。ですが冒頭で述べた通り、私はかつてはイケていないマネジャーでした。

そんな私が変わるきっかけとなった出向先のメンバーとの出会いについては、「はじめに」で触れた通りです。

爆伸びポイント

G-POPマネジメントのベースは、業績成長、大量採用、従業員満足（ES）、顧客満足（CS）など、一般的に同時に実現しにくいものを私がマネジメントしてきた経験にある。

つまり、G-POPマネジメントは、同時に実現したいが実現しにくい目的を達成する方法論とも言える。マネジメントの動詞であるmanageの本来の意味は、一般的なイメージの「管理する」ではなく、「どうにかして実現する」である。

私が強烈に影響を受けた2人の上司

その出向先の子会社で「良い会社を作ろう」という目で組織の現状把握をしました。すると、新会社で社長になるKさんのマネジメントの素晴らしさに気づいたのです。**子会社と本体の1組織という2つの組織を一体感を持たせようと巧みにマネジメントしていました。**そのKさんを間近で見ながら、たくさんのマネジメントスキルを習得できたのです。

たとえばKさんは、**過去10年以上、毎月の「全社会」で話された内容をすべてアーカイブにし、全従業員が閲覧できるようにしていました。**

これってかなりの胆力が必要です。10年間100以上の発信です。10年後の現在から見ると間違ったことを言っているかもしれません。複数の発信を比較すると矛盾していることを言っているかもしれません。それでも会社運営には、情報をオープンにし、透明性を高めることが重要だと体現していたのです。

おかげで、私は過去のアーカイブを読むことで、Kさんのマネジメントで大事にしていることを理解することができました。

その後、**自分がリーダになった組織では、Kさんを真似て、同様のことをしました。**自分の発信資料をアーカイブにして誰もが見られるようにしたのです。後に担当した急拡大する組織では、その効果が絶大でした。新しく仲間になったメンバーに、私が大事にしていることを容易に共有できるからです。今であれば映像で簡単に共有できますね。

他にもあります。たとえばKさんが運営していた**リクルートの子会社の経営会議では、振り返りの仕組みがあらかじめセットされていました。**具体的には、案件が承認されるのと同時に、いつの経営会議で、誰が、どのようなポイントで振り返るのかを決定するのです。そして、その際に決定した未来の日付の経営会議のアジェンダの1つに「〇〇案件の振り返り」と記載してしまうのです。これにより、会社として重要案件を「振り返る」仕組みができていたのです。経営会議という会社にとっての最重要会議に**「振り返る」仕組みがあると、自然に全組織に「振り返る」仕組みができていく**のです。

知らない間に、出向先の会社が好きになっていました。そして、**将来ここの社長になりたいという野望を持つようにさえなっていました。**

しかし、当時の私にKさんレベルの会社経営マネジメントスキルはありませんでした。そこで、経営レベルのマネジメントスキルを習得するために学び始めました。

幸い、この会社は企業向けの研修やアセスメント（評価・分析）を行う会社でしたので、マネジメントを習得するには最適な会社だったのです。

ところが、出向して2年、マーケティング責任者から営業責任者になりたいと社長に相談していた矢先に、私の人事異動が決まったのです。

異動先はリクルート本社の新設部門でした。専務直下組織に7人のメンバーが集められました。ミッションは、リクルート各カンパニーを分担してカンパニー長を「監査」する仕事です。監査とは、本社の意向と各カンパニー、カンパニー長の意向を合致させる仕事でした。正式名は「CP：カンパニー・パートナー」でしたが、カンパニー長を監査するので、「カンパニー・ポリス」などと裏で呼ばれていました。

ここで私が担当することになった1つのカンパニーがスーモの前身である「住宅カンパニー」でした。「住宅カンパニー」は、その後スーモというブランドを立ち上げ、大躍進するのですが、まだその前のタイミングでした。そのときに住宅カンパニーを担当していたのが、その後リクルートグループのCEOになるMさんでした。Mさんが、新しくカンパニー長として赴任したタイミングでした。

Mさんと仕事をして、私もMさんのようなマネジメントをしたいと強く思いました。Mさんのマネジメントは強烈でした。**「Goalを明確に示して、そこに最短で登ろう」**とするのです。

前述のようにMさんも住宅カンパニーに赴任したばかりです。主要メンバーとの人間関係もありません。傍目から見ると、そんなのお構いなしなのです。

住宅事業のありたい姿を描き、その姿に向かってぐんぐん進めていくのです。

もちろん、反発も起きます。軋轢（あつれき）も起きます。しかし、その中で、**ありたい姿を実現したいと考える、若く、やる気があり、学ぶ能力がある人材を次々に抜擢する**のです。そして、彼らが成果を出せるミッションを与え、次々に権限委譲していくのです。そうしながら、Mさん自身は、新しいテーマを次々に掲げ続けていったのです。

抜擢されると、当然やる気が高まります。

そして、力量に合わせて彼らが成果を出せる大きさに仕事を分解して与えます。やる気があり、適切な仕事の大きさのミッションを渡すので、成果が出る可能性が高まります。まさにPre（事前準備）とOn（実行・カイゼン）の妙です。

どんどんカンパニーの成長スピードが上がっていくのを間近で見ることができました。

当時の私は、カンパニー長の監査を1人でやる仕事でした。自分自身に対するセルフマネジメントは必要でしたが、メンバーがいないのでチームでのマネジメントは不要でした。ましてや大組織のマネジメントなどまったく不要でした。しかし、Mさんを見ていると自分も組織マネジメントしたいという思いがどんどん強くなったのを覚えています。

「監査」という主には1人でやる仕事でしたが、その後、私がマネジメントをするために良いことがありました。それは、リクルートのすべてのカンパニー長の仕事を7人で手分けして監査していたので、すべてのカンパニー長のマネジメントスキルを比較して学べたことです。**あるべき姿を描くスキル。戦略を描くスキル。幹部と人間関係を作るスキル。現場メンバーが戦略実行できるようにするスキル。業績が良くない場合に修正するスキル。良いことも悪いことも正確に振り返るスキル。**様々な事例をリアルタイムで学ぶことができたのです。

後から考えると、すべてのカンパニー長のG－POPマネジメントを結果とともに見ることができたのです。

学びの対象は、リクルートグループだけではありません。我々の仕事の1つに、各カンパニー長に有用な情報を提供する業務がありました。そのために日本中、必要であれば世界中の様々なマネジメント情報を集め、有用なポイントをインプットしていました。

マネジメントに関する書籍を読み漁り、たくさんの人に会いました。そのエッセンスを、担当するカンパニー長に伝えます。それをカンパニー長が取り入れて、実践し、その結果も見ることができたのです。

マネジメントを実践する機会はありませんでしたが、マネジメントスキルを習得する機会に満ち溢れていたのです。こんな表現をすると当時の先輩たちに怒られるかもしれませんが、いわば、ロールプレイングゲームの感覚でもありました。

この監査の仕事をして1年。また私に異動の話が出ました。それが前述の住宅カンパニーの新規事業の責任者としての異動でした。Mさんが直属の上長となる人事異動でした。

爆伸びポイント

リーダーが、自分の発言をアーカイブ（保存しメンバーがいつでも見られるようにする）し続けることで、自分の考え方を伝えることができる。

経営会議にPost（振り返り）を導入すると、組織全体に「Post（振り返る）」習慣がつく。

リーダの仕事は、Goalを明確にし、そこに最短で登ろうとすること。

やる気があり、学ぶ能力がある若手を抜擢することで、Goalに到達するスピードが速くなる。

6年間で売上を30倍、拠点数12倍、従業員数を5倍にした私の方法

新しい部署への異動。最初の仕事は、**現状把握**です。

住宅領域での新規事業を立ち上げた創業者から業界素人の私へ責任者が変わりました。おそらく現場メンバーは不安だったでしょう。

私の異動が開示され、着任前からさっそく現状把握（組織状態、どのようなメンバーがいるのか）と相互理解（私を理解してもらうのと何よりもメンバーからの信任を得る）のために現場を回り、メンバーと1on1（ワンオンワン：当時はそのような言葉はありませんでした）を始めました。

その中で**たくさんの良い兆し（きざ）を発見できました。**

まずはメンバーに対してです。**ほとんどのメンバーが素直で良い人だったのです。**しかもこの新規事業に愛情を持っており、自分たちは良いサービスを提供していると信じていたのです。まず、メンバーを信頼できたのです。そして現場には、様々な事業成功のアイデアを持っているメンバーが埋もれていたのです。

次にサービスに対してです。まだまだ利用者は少なかったのですが、利用満足度が極めて高かったのです。**利用者の98%が満足していました。**利用者からの感謝の手紙や、手作りのお菓子の写真をたくさん見せてもらいました。

さらに、企業クライアントの一部は、とても期待してくれていたのです。

このように①チームメンバー、②利用者（個人顧客）、③企業顧客が、私たちのサービスに期待してくれているのが光明でした。戦略、戦術、兵站（へいたん）などマネジメントを正しく、シンプルに作れば、うまくいく可能性があったのです。

現状把握の次に、**Goal設定**です。

私が引き継いだ時点で、この新規事業は2年が過ぎた状態でした。企業顧客向けの課金形態が

異動直後の状況と私が考えたこと

1年め4月の状況

トップ交代（創業者から住宅素人の私へ）

➡ 現場のメンバーは本当に不安

問題山積（どこでもあるのだと思いますが、当時の私は大変なことだと思いました）

良い兆し

➡ 従業員、利用者、一部のクライアントの満足度は高い

➡ リーダーの何人かは鍛えると良い感じになりそう

後払いだったこともあり、事業は赤字でした。また、第1章で詳細を書きますが、実現性がほぼない事業計画を立案していました。

関係者と協議の結果、**売上計画を下方修正しました。最低限の「Goal」として、この新規事業を「収益が出る状態にすること」と置きました。**そうしないと事業を継続できなくなります。すると素直でサービスを愛しているチームメンバーをリストラしなければいけなくなります。これはどうやっても避けたいと考えました。

「収益が出る」といっても、どの水準にするのかが重要です。当然安定的に利益が出る状態です。しかし、ギリギリ黒字では、環境変化に対応できません。少なくとも2桁、10％程度の営業利益率を出すべきだと考えました。

←Goal（①最低限のGoal設定）参照

当時は、神奈川に4拠点、東京に1拠点ありました。しかも全店赤字。1拠点の黒字もないのです。この「最低限のGoal」でさえ夢の夢でした。

しかし、時間はありません。短期間に収益化の目途を立てる必要がありました。

赤字のビジネスを黒字にする。確かに難易度は高い。それも利益率10％のビジネスにする。するとさらに難易度は高くなります。

実現したときをイメージしました。「赤字のビジネスを黒字にしました」では、客観的には凄いことかもしれないけれど、私自身はあまり、ワクワクしません。

自分自身がワクワクしない「Goal」ではエネルギーが出ません。

そこで、時間軸をずらして「中期のGoal」をイメージすることにしました。どうしたら自分自身が、ワクワクするのか？

それは**「全国展開」**でした。実施しているチームメンバーが素晴らしいと感じているこのサービス、そして利用者の満足度が高いこのサービス。これを全国展開できれば、より多くの顧客の満足度を提供することができる。これを「中期のGoal」と置きました。**←Goal（②凄いGoal設定）参照**

ただし、このときには事業計画として反映できる精度ではありませんでした。まだ夢というか妄想の世界でした。事業計画に落とし込むのに、そこから2年の時間が必要でした。詳しくは次章で説明します。

爆伸びポイント

Goal（ゴール・目的）設定で、必要なものは2つ。
①最低限のGoal設定：今回のケースでは、利益率10％以上。
②凄いGoal設定：今回のケースでは、（この素敵なサービスを）全国展開（ただし、具体的な事業計画はなし）を仮置きし、チームメンバーに共有する。

懸念事項を「事前準備」でつぶしていく

さて、「現状把握」の結果、主なステークホルダーである、①チームメンバー、②利用者（個人顧客）、③企業顧客が、私たちのサービスに期待してくれていることが分かりました。

ということは、戦略、戦術、兵站などマネジメントを正しく、シンプルに設計、執行できれば、事業を成長させられる可能性があったのです。

着任前後に組織全体60人のメンバーのうち、20人程度の主要チームメンバーとの1 on 1面談は既に終了していました。着任1カ月で残りのメンバーとの面談も終了させました。

そして、**把握できている情報、赤字であること、事業計画の下方修正や私の所見はすべて公開しました。**これらネガティブなことを伝えることで、やる気をなくす、極端なケースだと異動希望や「退職したい」と言ってくる人がいるかもと思いましたが、幸いなことに杞憂に終わりました。

　逆に**良くない話でもチームメンバーに情報公開する姿勢が共感されました。**最低限の私への信認については、合格点をもらえたようです。そして、情報提供したことで、自分たちがやらなければいけないのだという自覚も芽生えました。つまり、メンバーとの関係は良いスタートが切れました。**←Pre（①PE：人の段取り：人がやる気になる）参照**

異動直後の状況と私が考えたこと

1年め4月の状況

トップ交代（創業者から住宅素人の私へ）

- 現場のメンバーは本当に不安

問題山積（どこでもあるのだと思いますが、当時の私は大変なことだと思いました）

良い兆し

- 従業員、利用者、一部のクライアントの満足度は高い
- リーダーの何人かは鍛えると良い感じになりそう

収益が出る状態にする（そうしないと事業継続ができない）

- 短期間に事業の勘所（売上拡大、コストコントロール）を見つける

戦略を実行するために（私が住宅素人であることもあり）

- メンバー全員からの信任を得る
- メンバー全員が自ら事業改革を楽しく実行する仕組みを考える
- 戦略が実行されているかモニタリングの仕組みをつくる

同時並行で考えないといけないのは、どうやって「最低限のGoal」である収益化を実現するかです。収益、つまり利益＝売上－コストです。売上拡大の勘所とコストコントロールの勘所を見つけることが必要です。

幸いなことに私は、これらを見つけるスキルを持っていました。というのは、リクルートグループの企業内大学で**「KPIマネジメント」**の講座を11年間持っており、事業成長の勘所を見つけることができるのです。

私自身、この事業成功に対してやる気になったので、このスキルを存分に活用し、再度事業計画を描き直すことに注力したのです。**←Pre（②PM：仕事の段取り）参照**

もちろん、いかに素敵な事業計画を描けたとしても、戦略を実行してくれるのは現場の60人のチームメンバーです。しかも中期の「凄いGoal」は全国展開です。

「凄いGoal」を実現するには、将来全国に分散した現場のチームメンバーが自ら事業改革を楽しく実行してくれないと、全国展開など考えられません。また、ビジネスの特性上、**地方含め拠点展開するので、戦略が実行されているかのモニタリングの仕組みを創り、良いノウハウを他拠点に展開するナレッジマネジメントを構築する必要もありました。**

それらを拠点のチームメンバー主導で実現する必要がありました。つまり、現場が「自律自転する組織」を作る必要性があったのです。

ここまでがおおよそ着任して1カ月でした。ようやく実行フェーズです。

爆伸びポイント

Pre（事前準備）で、必要なものは2つ。

①ＰＥ（People Empowerment：人の段取り：人がやる気になる）：今回のケースでは、悪いことを含めた情報開示、さらに主要チームメンバーでの１on１による関係性構築。

②ＰＭ（Project Management：仕事の段取り）：今回のケースでは、私が得意なＫＰＩマネジメントで売上拡大とコストコントロールの勘所を描き直す。

「実行力」を高める仕掛け

事業を運営するうえで、私たちがやるべきことは3つに大別できます。「利益」を増加させるために①**売上拡大**、②**コスト削減**、そして③**事業運営基盤の整備**です。

「事業運営基盤」とは、事業を運営するために必要な人・モノ・金・情報の現状を見える化し、より良くするための基盤です。たとえば、人の採用・育成情報や方法の整備。各種データ、たとえば売上、コスト、KPIの整備。社内の会議や決裁のルールなどです。

整備といっても新規事業ですから、投資できる金や人は限られています。ですので、**最低限のコストと最速の時間で最高の結果が得られる**ようにリクルートで使っている様々な仕組みを組み合わせて整備していきました。

有効に使えるものは何でも使い倒しました。もし、今なら様々なクラウドのSaaS（サービスとしてのソフトウエア）を組み合わせるということです。

「売上拡大」と「コスト削減」を実行し、「短期Goal」である利益率10％以上を実現します。

そして、「事業運営基盤の整備」をすることで、「短期Goal」と全国展開という「中期Goal」をねらいます。

「売上拡大」「コスト削減」「事業運営基盤の整備」。意味は誰でも分かります。私は、前述のようにKPIマネジメントのスキルを習得しているので、どうやれば良いのか分かります。しかし、このテーマでは大きすぎて、どうやって実現するのかイメージがつかない人も少なくありません。既に私は主要メンバーと1on1を実施していたので、彼らのキャリアなどから強みと弱みを把握できていました。彼らが対応できる大きさにミッションを分割して、検討を依頼しました。このように相手に合わせて分解することを、私は**「持てる大きさの荷物にする」**と表現しています。

一例をご紹介しましょう。

当時のリクルートは利用者（個人顧客）と企業顧客をネットや情報誌でマッチングするビジネスをしていました。私が担当した新規事業は、ネットや情報誌ではなく、アドバイザーという「人」が利用者とをマッチングをしていたのです。

そして、たとえば、その時点での「売上拡大」の**成功の鍵（CSF：Critical Success Factor）**は、アドバイザーが利用者（個人顧客）に3社以上の企業顧客（ハウスメーカーや工務店）を紹介することだと判明していました。

それを事業内では3A（3社Appointment：3社との面談アポイント）と略称で呼びました（ちなみに、このような社内の隠語を作ると仲間感ができるのでお勧めです）。

現場のチームメンバーはやることがたくさんあります。そこで、たくさんの業務の中で、**最も大事なこと（これがCSFです）に絞り、それを強化するポイントを見つけて欲しい**と指示するのです。これぐらいの粒度であれば現場メンバーの大半は、何をすれば良いのかイメージがつきます。

ただし、これだけでは現場での起きていることを把握して、良い事例を他チームに展開することができません。そこで、**事業運営基盤の整備**の登場です。

「事業モニタリングの仕組み」と「情報共有の仕組み」を整備するわけです。

それもやみくもに何でもかんでもモニタリング、情報共有するのではありません。売上拡大に最も重要な「3A」についてモニタリングと情報共有することから始めるのです。

対象が絞られているので、極端な話、システムなど不要です。手作業でも集計できるのです。

これを毎週把握し、良い事例は横展開（他の拠点でも実施）し、悪い兆しがあれば、早期に対応します。いわゆるAgile（アジャイル　俊敏に変化し続ける）な習慣を作るのです。

爆伸びポイント

On（実行・カイゼン）で、必要なものは2つ。

①実行のための「持てる大きさの荷物にする」：今回のケースではKPIマネジメントにおけるCSF（成功の鍵）として3A（3社との面談アポイント）。

②カイゼンのためのアジャイル（俊敏に変化し続ける）：今回のケースでは、毎週のモニタリングと情報共有の仕組み。

「振り返り」で組織の生産性を高める

ところが、しばらく運営するとこの組織の悪い癖に気づいたのです。「振り返る」習慣がないのです。特に悪い結果が出た場合、振り返ると犯人探しになると考えているのか、「振り返り」をしないのです。実際は、私の赴任1年前に、様々な施策をしているのですが、その結果がどうなっているのか、何を学んだのかが分からないのです。

これでは、担当が変わると、同じ失敗を繰り返す可能性があります。同様にせっかくうまくやったことも「振り返る」ことをしなければ、横展開できません。

そこで、**「振り返る」仕組みを導入しました**。これが、G‐POPのPostの原型になりました。当時は**PDDS**と呼んでいました。これは、PDSのPlan（計画）とDo（実行）の間にDecide（決定：絞る）を加えています。Planの中で重要な1つのことに絞り、それを実行・モニタリングしようということです。そして最後にSee（振り返り）を加えてPDDSという造語を作りました。

これを「事業運営のコンセプト」として、すべての施策にPDDSを装着したのです。これにより、うまくいったことは、そのポイントを振り返り、横展開時の「再現性」を高めます。そして、より重要なこととして、**うまくいかなかった場合は、同じくそのポイントを振り返り、「再発防止」に努められるようにした**のです。

マネジメントは、あるレベルまで確率論です。成功のポイントを押さえ、それを実行時に活かし「再現性」を高め、また失敗のポイントを押さえ、それを実行時にしないようにし「再発防止」すると、成功確率が高まります。特に人が価値の源泉であるビジネスでは、一般的に、人による差異が大きいのです。この2点（成功の再現性と失敗の再発防止）を、チームメンバーが理解していることで、業績向上と生産性向上の同時実現が可能になるのです。

この振り返りの仕組みのおかげで、この組織は、売上拡大と生産性向上の両立ができたのです。

このときの2年間を振り返ると、1年めで大小12の施策を実施し、2年めで15の施策を実施しました。ただし、これは3年めにこの事業の成長モデルをリクルートの幹部会で話す機会があったので、振り返ってみたらそうなっていたということに過ぎません。

やっている渦中は、目の前の課題を次々に解決し続けたというのが正直なところです。

ただし、2つのGoalはメンバーに発信し続けていました。それは利益率10%以上での黒字、そして全国展開することです。ポイントは極めてシンプル。売上を上げ、コストを下げ、事業運営基盤を整備することで、誰にでも「見える化」するということです。

左図を見ると1年めには拠点A、2年めには拠点BとC、そして1つの事業の存続の危機がありました。それでも2年めの後半には大きく成長できたのです。

なぜ、これが成立したのか。それは、図にある売上拡大、コスト削減、事業運営基盤の整備の3つ比率に秘密があります。

売上拡大は、1行分に過ぎません。前述のようにKPIマネジメントにより、**売上拡大に最も影響を及ぼすCSFを1つに絞った**のです。現場メンバーには、このCSFだけをやってもらったのです。それが3Aや3★へのフォーカスです。シンプルな指示なので現場は徹底的に実施してくれます。様々なノウハウが見つかり、KPIがどんどん良い数値になるのです。当然、売上もどんどん増えていきます。

コスト削減も2行分です。**コストインパクトの大きい集客方法を見直すこと。**そして固定費である店舗コストを引っ越しや家賃交渉などで削減したのです。つまり現場メンバーに関係することは、シンプルで分かりやすく指示したのです。

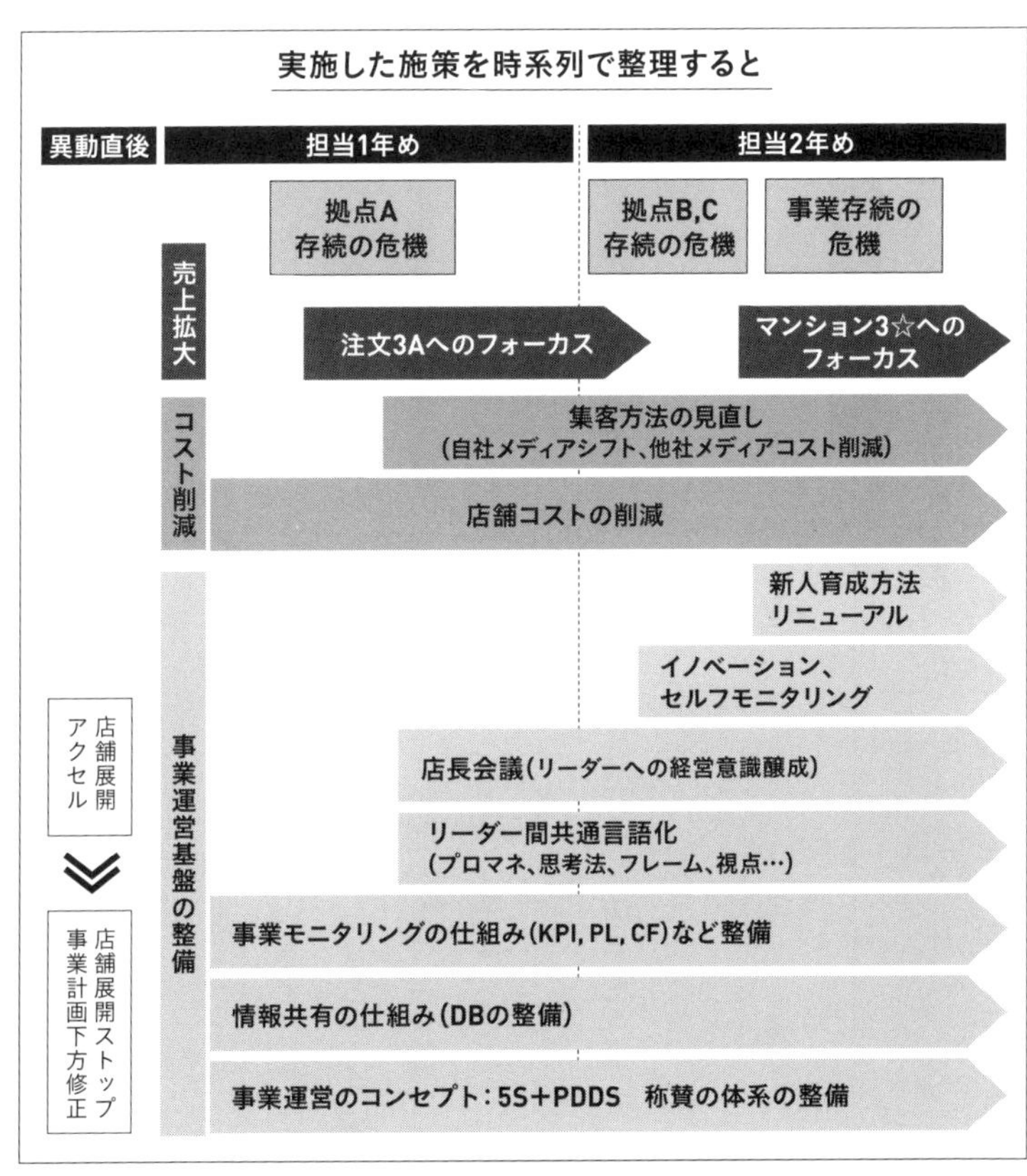

並行して事業運営基盤の整備は様々な施策を行っています。すぐに着手したのは、事業運営コンセプト、情報提供、事業モニタリングの整備。事業運営コンセプトは、いわゆるミッション、ビジョン、バリューや事業運営方針です。組織がどこに向かおうとしているのか、何を大事にするのかを明らかにしました。加えて、すべての情報を開示し、プロセスや結果を「見える化」したわけです。

ここまでの基盤ができたのちに、リーダーが自律自転するように経営意識を醸成するための研修やモニタリングと、共通言語としてのスキルを装着しました。これによりリーダーが自律自転できるようになるのです。

加えて、全メンバーがセルフモニタリングできるようにG－POPの原型を装着し、凄いGoalを目指せるようにイノベーションミッションを付加します。加えて、新人の育成方法をリニューアルすることで、入社直後から短期で好業績を挙げられるように準備したのです。

これらが相互にうまく機能し、その後の4年間で大成長を遂げられたのです。そして、これらの施策を進める中で、G－POPマネジメントの原型ができあがっていきました。

本章の最後に、この事業部で実施した合計27の施策をまとめています。汎用性の高い内容については説明を加えておきました。ご活用ください。

爆伸びポイント

Post（振り返り）の目的は、次の2つ。

①再現性、②再発防止：今回の場合、振り返りの仕組み（会議）を設定。

G-POPマネジメントの汎用性を3段階で検証

私が担当した住宅カンパニーの新規事業（現スーモ）では、G-POPマネジメントをアジャイル（高速）に回して、ビジネスモデルをらせん状にカイゼン、進化させていきました。

新規事業を担当した後に、リクルートのIT子会社の社長に就いたのですが、このG-POPマネジメントは、このエンジニア組織でも機能しました。

このときはあくまでも私が2つの組織で実践したマネジメントに過ぎませんので、私にしかできない、あるいはリクルートでしか成立しない方法である可能性が残っていました。

つまり、**一般化できるのか確認する必要がありました。**

そこで、次の3段階で確認をしました。

まず1つめが、2016年、前述のように私がリクルートワークス研究所に在籍していた時代に当時の研究所長である大久保幸夫さんからの問いに回答したときです。それを、研究所内の資料としてまとめたものが「メンバーのWillを発見してアサインするマネジメント（Team Managerial Behavior cycle）」でした。これがG－POPマネジメントの原型になります。

これを1つのインプットとしてリクルートワークス研究所の研究員が発表したのが、**「ミッションアサインメントモデル2017年」**です。現在は最新調査を元に2019年版がワークスのwebで公表されています。つまりリクルートワークス研究所内で一定の評価をされたわけです。もちろん、それはあくまでもリクルートグループ内の話です。

その後、私はリクルートを卒業（リクルートでは退職することをこう呼びます）し、2019年に㈱中尾マネジメント研究所を設立しました。そのときに、**本質行動学**の第一人者、西條剛央さん主催のEssential Management School（EMS）で学ぶ機会を得ました。本質行動学とは、経営、戦略、リーダシップといったテーマごとの理論とは次元が異なるメタ理論である「構造構成主義」という理論の**「本質」**を学び、実践（**「行動」**）できるようになる考え方です。

そして私の実践してきた「G－POPマネジメント」を論文にまとめました。その結果、最優秀論文に選ばれたのです。つまり、学問的に一定の強度があることを確認できました。これが2つめの確認でした。

そして3つめが実施検証です。G-POPマネジメントがリクルート以外にも活用できるのかを確認しました。これはリクルートを卒業した2019年から2年半経った現在も、検証し続けています。

結論から言うと、あらゆる組織、職種、階層でG-POPマネジメントを導入すると、仕事の生産性が高まり、自律自転する「人」そして「組織」になることが分かってきました。

現在把握できている中で、G-POPマネジメントをうまく活用できないのは、Goalを設定しづらい職種で、本人もGoal設定をしようとしないケース、具体的には、自分で計画的に仕事を設計できず、日々誰かから仕事を指示されるタイプの仕事です。一部の短期派遣のような仕事です。もちろんそのようなタイプの仕事であっても、本人が、何らかのスキル習得を志向した場合、G-POPマネジメントを活用できます。

リクルートを超えて、G-POPマネジメントが幅広く活用できることを次のように確認しました。

まず、私が主催する経営者対象の塾である**「中尾塾」**の塾生です。2021年11月時点で延べ

１００人が学んでくれています。中尾塾は、経営者が対象なので、経営者個人に有効なのかが検証できるのと同時に、自社に導入し、その組織に対しての有効性も検証できました。

参加者の会社規模は、上場企業から数名のスタートアップまで。業種もＩＴ、流通、人材、教育、旅行、映像、飲食、健康、事業開発、代理店支援、税理士事務所と様々です。年齢も20代〜50代まで多様なのです。

次に、中尾塾以外にも、企業コンサルティングとして導入した大手総合商社、大手通信会社、大手ＩＴ企業、中堅ゼネコン全社、大手広告代理店、英会話学校など幅広い業界、階層の人たちに対して「Ｇ－ＰＯＰマネジメント」の有効性が確認できました。

Ｇ－ＰＯＰマネジメントは、グループコーチングのフォーマットを利用し、習慣化する形式が多いのです。このフォーマットやグループコーチングの手順を作成する際に参考にしたのは、次の考え方です。

エリヤフ・ゴールドラットの制約条件理論
フランクリン・コヴィーの7つの習慣

マーティン・セリグマンのポジティブ心理学
PIMBOKの10のステップ
ピーター・ドラッカーのマネジメント
トム・ピーターズのマネジメント

これらを組み合わせて、様々な人・組織が自律自転するOS（オペレーティングシステム）を作成しました。

爆伸びポイント

G－POPマネジメントは、規模、業種、職種、年齢を問わずに活用できる手法。例外は、自分で計画的に仕事を設計できずGoalを設定しづらい、日々誰かから仕事を指示されるタイプの仕事。

新規事業の責任者として実施した27の施策

売上拡大

① **注文3A、マンション3☆**：事業拡大の勘所≒KPIマネジメントのCSF（最重要プロセス）を発見し、そこにフォーカスすることで売上拡大に成功しました。

コスト削減

② **集客方法の見直し**：このビジネスのコストのうち変動費は、集客費用しかありません。自社メディアの協力を得ながら、外部コストが必要な他社メディアコストを変動費化する。あるいは最小化しました。

③ **店舗コスト削減**：可動パーテーション、可動テーブルなどを活用し、店舗面積を最小化。バックオフィスもフリーアドレスにし最小化。最小化することで、人が集まるショッピングセンターへの出店も容易になりました。これは集客にも寄与しました。

事業運営基盤の整備

④ **育成方法リニューアル**：育成期間半年→2カ月に短縮。完成しないマニュアル（毎月更新されるマニュアル）というコンセプトで、毎月内容を更新し続けました。←無印良品のMUJIGRAMなども同様の運用です。

⑤ **イノベーション**：全メンバーに10%のウエイトでイノベーションミッションを設定。これはGoogle社の20%ルールからTTPS（徹底的にパクって進化させる）しました。

⑥ **セルフモニタリング**：自律自転するために、自分の状況を定期的（3カ月ごと）に把握し、自分でどのようなスキルを習得するのか決めて、それを支援する仕組み導入。

⑦ **店長会議**：毎週実施。すべての情報を開示。1週間のG-POPの成果を共有。自律自転する店を作るには、自律自転する店長（マネジメント）から。

⑧ **リーダー間共通言語化**：仕事の進め方の標準化（PIMBOK、KT法、制約条件理論、課題図書の輪読など）。

⑨ **事業モニタリングの仕組み**（KPI数値、疑似店舗別損益計算書、疑似店舗別キャッシュフロー）

⑩ **情報共有の仕組み**（2007年時点で全店テレビ会議、全店今でいうクラウドで情報共有）。

⑪ **事業運営のコンセプト**：5S：関係者全員の満足。PDDS：振り返りの仕組み。

⑫ **称賛の体系の整備**：様々な観点で褒める。相互にありがとうを伝える文化醸成。

着任して3年目以降、これら以外にも様々な施策をし続けました。

売上拡大

⑬ **新店会議**：事業成功の目途が立った後、新店責任者を20週間で場所選定、事業計画立案、人材採用・育成、集客、クライアント対応のスキルを習得し、実際に出店できるようにするための会議。

⑭ **小さな展示場**：展示場に行かずに映像とテレビ会議で展示場の内容が体験できる施設を拠点に常設。

⑮ **クライアント企業表彰**：毎年一回、参画企業のうち様々な観点で表彰。クライアント企業からは、大人になって褒められることが少ないのでとかなり好評。

⑯ **オフラインデータの活用**：新規事業なので利用数は少ないが、その顧客の詳細データを保有している。個人情報を特定できない形での属性データを様々に活用。

⑰ **フォロー活動の型化**：利用者と企業の商談サポートを標準化。

⑱ **イノベーション・ナレッジ・コンテスト**：毎月事業カイゼンのアイデアを募集。従業員300名程度のときに毎月500個のアイデアが提案されるほど活性化。売上拡大、コスト削減ともに寄与。

事業運営基盤の整備

⑲ **年表**：事業の主要トピックス、新たな採用者の名前を記載した年表を本部、各拠点に掲示します。入社日に、採用した人を年表の前に連れていきます。年表に自分の名前を見つけると、皆、とても嬉しそうな顔をします。

⑳ **サマンカード**：リッツカールトンのファーストクラスカードを参考に、従業員同士の感謝とGood Jobの循環を促進。毎月数百のカードが提出されていました。

㉑ **言霊**：成約は企業の言葉なので、ハピネスと変更。土地がないお客様を業界では「土地なし」と呼び、名前の横に×をつける。当然フォローしてもらえない。「土地から探す」ので、名称を「土地から」と変更。名前の横に☆マークを付けることで、印象が変わり、その後の成約率が向上しました。

言葉ってとても大事です。社外の方々に聞かれても大丈夫な言葉を使っているかチェックします。たとえば、営業で顧客を「刈り取る」と表現する人がいます。足を切られる感じがして、嬉しくないですよね。

㉒ **会議改革1**：事前に資料を読み、事前審議（賛成、反対、保留、質問）など態度表明することで、会議当日は議論に集中できます。

㉓ **会議改革2**：ほとんどの経営会議情報を開示。

㉔ **悪い兆し、良い兆し**：毎週現場で起きている「兆し」を収集。特に「悪い兆し」を早く収集することで、問題が起きる前に対応可能。

㉕ **ミッション・ビジョン整備**：メンバーと一緒にミッションを再整備。5つの言葉に集約。これを実践しているかどうかを定期的に確認。

㉖ **事業の意味づけ**：リクルートの住宅事業は広告事業が主体。なぜ人によるマッチング事業をするのか説明。クリステンセンのイノベーションのジレンマへの解だと説明。同業にされて嫌なことを自社でやることに意味がある。

㉗ **事業計画立案の仕方**：新店長や管理部門スタッフに事業計画立案の仕方を標準化。

第1章

Goal

仕事の
ワクワク度を高める
「ゴール」

幹部間でもゴールの認識が異なることがある

Goalは、プロジェクトや仕事の目指すところ、つまり行き先のことです。

このGoalがずれていると、Goalにたどり着けませんし、ずれたGoalに向けて費やした時間や投下した資金は戻ってきません。こんなことを繰り返すリーダーは、チームメンバーや上司、株主などステークホルダー（関係者）からの信頼が無くなっていきます。

Goalを確認するなんて当たり前。誰でもやっていると思いますよね？　でもそれは本当でしょうか？

先日、売上規模が数千億の企業の幹部100人に、「今期のGoalは何か？」と確認しました。タイミングは、1年間の期が終了するまで、あと2、3カ月のタイミング。経営トップは、幹部100人が、同じGoalを言えるはずだと思っていたのです。

ところが、その回答が次の3種類に分かれたのです。

A　80人は今期末の経常利益100億円
B　15人が同じく120億円
C　5人は「来期」の経常利益120億円

幹部間でさえGoalがずれていたのです。

なぜ、このようなことが起きたのでしょう。この期が始まったタイミングでは、Goalを過去最高益である経常利益120億と設定していました。

しかし、大きな環境変化で、期中に目標達成が厳しくなりました。そこで目標を下方修正し、修正目標として100億円としたのです。ところが、環境変化がプラスに寄与するところもあり、もう少しで経常利益120億円に手が届く水準になってきたのです。

私が質問した時点では、前述のように期末まで2、3カ月時間が残っていました。つまり、次のような見解です。

A　80人は、Goalを「修正」目標100億円だと回答

B　15人は、Goalをもうひと頑張りすれば目指せる「期初」目標120億円だと回答

C　5人は、今期は着実に修正目標を達成し、「来期」には、過去最高益の120億円というGoalを目指す、と回答

回答の背景は理解できました。しかし、**幹部間のGoalが異なると、判断が変わります。**これが問題なのです。たとえば、投資できる余剰資金があったとします。この資金をどのように活用するでしょうか？

Bは、「期初」目標120億円を追いかけているので、投資せずに利益確保という判断をします。

Cは、「来期」目標120億円を追いかけるために「来期」の利益を増やす投資を今期中にするという判断をします。

Aは今期の「修正」目標が達成見込みなので、投資目的に応じて判断をするでしょう。

私のいたリクルートだと、期初目標120億円を追いかけながら、来期のための投資も行う方法がないか知恵を絞ると思います。たとえばTVCMにより、リクルートサービスのユーザーを増やそうとするのです。その結果、今期末の業績と来期スタートの業績の両方に寄与できるのです。

話を元に戻しましょう。幹部間でさえ、このようにGoalの認識が異なるわけです。当然投資に対しての判断も大きく異なるはずです。幹部間で差異があると、現場ではさらに拡大します。これでは現場は混乱してしまいます。

■マネジメントに必要なゴールは２つ

ちなみに必ずしもGoalは１つである必要はありません。Ｇ－ＰＯＰのGoal設定では、２種類設定することを勧めています。

1つは、①最低限のGoal。もう1つは、②凄いGoalです。

先ほどの例で言うと①最低限のGoalは、修正目標である経常利益１００億円。②凄いGoalは、今期か来期の１２０億円というところでしょうか。

実際、上場企業や上場を目指す企業などでは、社内Goalと社外Goal（事業計画数値や通期予

2つのGoal

①最低限のGoal

②凄いGoal

凄いGoal設定の方法

- 時間軸をずらす
- 魅力的な言葉にする
- 市場規模から描く
- 下方修正する際のポイント
- 異動先でゴールを描くには

日常の業務でGoalを設定する

- MVVを自分事化する

想数値）の2種類のGoal設定をしているのは当たり前です。社外Goalは、株主など外部ステークホルダー向けの①最低限のGoalであり、社内目標数値は、①より高い②凄いGoalという位置づけになります。

私が働いていたリクルートでは、当時①最低限のGoalであるHonest（オネスト：正直ベースの数値）と②凄いGoalであるAspiration（アスピ：意思のある数値）の2つを設定していました。

別の会社では、①をMUST（マスト：必達の目標数値）、②をWANT（ウォント）あるいはWILL（ウィル：到達したい目標数値）などと表現している組織もあります。

表現は異なりますが、目標数値を2段階で設定している組織は少なくありません。

第1章は、G-POPマネジメントで最も重要なGoal（ゴール・目的）についてお話しします。

どんな仕事でも挑戦したくなるゴールの力

トム・ソーヤのペンキ塗りの話を知っていますか。

トムは、いたずらの罰としておばさんから大きな壁のペンキ塗りをさせられることになりました。休みの土曜日、単調なペンキ塗りの仕事、トムは嫌々ペンキを塗っています。

そこに友達がからかいに来ます。

そんなとき、トムはひらめきました。**ペンキ塗りを楽しそうにやれば友達が手伝うのではないか**。そう考えたトムは、いかにも楽しそうにペンキを塗り始めたのです。

そんなトムを見た友達は、「そんなに面白いことなら僕にもやらせて欲しい」と頼んできます。

しかし、「こんな楽しいことは任せられない」とトムは断ります。

断られると、友達は余計にペンキ塗りがしたくなりました。そして、「プレゼントをあげるからペンキ塗りをさせて欲しい」と頼むようになるのです。それを見ていた他の友人たちも次々にペンキ塗りをしたいと言ってきます。

そこで、ようやくトムは友達たちに仕事を任せ、自分は寝ながらそれを見ていたという話です。

この話を子供のときに聞いた私は、少しズルいなという感想を持ちました。本当は楽しくないのに、友達をだまして、罰（ペンキ塗り）を肩代わりしてもらったと思ったのです。

しかし、よく考えてみると、人は簡単にだませません。当初は、友達をだます目的で、楽しそうにペンキを塗ろうとしていたトムも、きっと楽しくなっていったのかもしれません。人の心と身体は繋がっています。それを見ていた友達たちもペンキ塗りをしたくなったのだと思うのです。

もしかすると、皆でペンキを塗っている間に**「どうすれば綺麗に塗れるか」とか「どうすれば早く塗れるか」と、「より良く」という視点を持つようになったのではないか**と思うのです。そうでないと短調な仕事は続けられません。結果、ペンキ塗りがうまくなっていき、どんどん楽しくなっていったのです。

私の記憶に残っているこの物語の挿絵は、皆が本当に楽しそうにペンキ塗りをしている姿が描かれていました。

これは、日常の仕事でも活かせる話ではないでしょうか。

同じ仕事なのに、楽しそうにやる人も辛そうにやる人もいます。何が違うのでしょうか？

「仕事は苦しいものだ」と言う大人がいます。なるほど、大変ですねと思います。

ある宗教では、仕事は苦役であると言います。苦役、つらい仕事なので、より短い時間で終わらせたいと考えるわけです。

日本では、「働く」は「傍（周りの人）」「楽（楽にする）」と当て字にすることもあります。周りの人の役に立つことが働くということです。

平日、起きている時間の半分以上を仕事に使っています。そんな長い時間、苦しく過ごしたいですか。自分はともかく、もしあなたがリーダーであれば、チームメンバーにそんな時間を過ごさせたいですか？

どのような仕事も**自分の中に動機を生み出せば楽しくなる可能性が高まります**。つまり、仕事の中に「ワクワク」を見つけることができるかどうか。それが重要なポイントなのです。

爆伸びポイント

罰であるペンキ塗りでさえ、トム・ソーヤ自身が楽しそうにペンキを塗ることで、仲間と一緒に楽しく、より良くすることができた。もし「仕事が楽しくない」と感じていたら、いったん手を止めて、楽しくなる考え方を探してみてはどうだろうか。

最高の計画を描く①

時間軸をずらして考える

序章で、私自身が住宅事業の新規事業のリーダーをしたときの話に触れました。その際に、中期のGoalとして**「全国展開」**をすると置きました。その話をすると、チームメンバーもワクワクし、やる気になったのです。

しかし、「Goal」は設定したものの、そこに向かってどうやって登るのか、具体的な事業計画は描けませんでした。担当直後の現実とGoalの間に大きな乖離があったからです。

では、その後、どうやって「全国展開」を達成していったのか。

具体的な事業計画を描けたのは、私がこの新規事業を担当して3年目、つまり2年間が終わったタイミングのことで、当時の上司からの問いかけがきっかけでした。

上司から**「この事業は最大いくらの売上までできると思う？」**と問われたのです。毎月の事業報告のレビューのタイミングのことでした。

色々なことが頭を過りました。あまり低い数値を言うと今後上司から支援してもらえません。一方で、あまりに高い数値を伝えて、それを事業計画に反映されても困ります。

2年間事業を担当して色々なことが分かっていました。プラスの側面としては、ビジネスモデルの**成長ポイント（CSF：事業成功のポイント）**が判明し、それを強化することで、事業を成長曲線に乗せることができていました。飛行機でいうと滑走路から離陸できそうな状態です。とはいえ、日本の不動産業界です。市場全体が伸びることは期待できません。こちらはマイナス要因です。

プラスの側面とマイナスの側面を加味して、「これから売上を2、3倍にできる」と回答しました。これでさえ、かなり挑戦的な数値でした。

しかし、上司はニヤニヤしながら**「桁が違う。その程度の規模の事業にしてもらうために中尾を担当にしているのではない」**と挑発してくるのです。

「桁が違う」とは、2、3倍ではなく、10倍以上の売上ということです。この数値は、私の想像を超える数値でした。

そして、上司は言葉を付け加えたのです。**「〝いつまでに〟という枠を取り払ってみろ」**

確かに、時間軸が無限にあるのであれば、可能性はゼロではないと思ったのです。私の顔の変化に気づいたのでしょう。すかさず、「全面的に支援するから！」と畳みかけて来たのです。「であれば、分かりました。検討します」と回答するしかありませんでした。

私は、まんまと上司の挑発に乗ってしまったのです。

自宅に戻って、上司の提示した額を実現するための方法がないか、必死に考えたものです。そもそも2年前に「全国展開」というGoalを掲げたのです。今回は、本社の支援も取り付けられます。そう考えると、3つほど大きな課題はあるのですが、それらを全てクリアすればできるかもと思えました。

この数値を実現できれば、業界トップ企業のマッチング数を凌駕することになります。**数年前まで影も形も無かった新規ビジネスが業界トップになる**、これはワクワクします。

後から考えると、この上司の挑発が私の様々な「制約」を外しました。この上司が素晴らしかったのは、高い売上計画は要望したのですが、その期限を明確に要望しなかったことです。つまり、目標を「いつか実現したい高い基準」に設定するように促したのです。このおかげで、さらに私の思考の「制約」が外れたのです。

爆伸びポイント

あなたが上司であれば、メンバーに高い目標設定を要望してみて、制約条件を外すことも有効。その際に、納期を外すと、さらに思考のストッパーが外れることもある。

同様にCost（金）の制約を外して、「無限にお金が使えたら……」、Quality（品質）の制約を外して、「品質を最低基準まで下げたら……」と制約条件を外すことが有効な場合もある。

最高の計画を描く②

ゴールを魅力的な言葉に置き換える

売上を伸ばす手段を考えている際に、1つ重要なことを思い出したのです。過去リクルートで急速に成長した事業を調べたことがありました。すると、**現場のメンバーは売上増加よりも別のことを喜んでいたの**です。

それは**利用者の「幸せ」であり、「満足」でした。**

最高の結婚式を紹介する（ゼクシィ）。

自分たちの予想を超えた旅行体験ができた（じゃらん）などです。住宅は、まさに幸せの象徴。早く帰りたくなる家が見つかれば、本当に幸せです。

売上は、事業が価値を提供し、顧客満足を得た結果です。さらに売上や利益は、経営やマネジメントの言葉なのです。現場メンバーは、利用者の幸せを感じられることが重要だということを思い出したのです。

実際、リクルート時代の全従業員向けのイベントなどでも、経営者の熱いメッセージも重要でした。しかし、それに加えて1人の利用者のビデオメッセージのほうがチームメンバーの心を奮い立たせることも多いのです。

そこで、売上を利用者の数に換算して、チームメンバーとコミュニケーションすることにしました。それを**「1万組の幸せ構想」**と名付けました。

最初のころは、中尾は何を言い出したのだ？　とピンと来ない感じでしたが、**言い続けると、メンバー自ら、このGoalを達成したい、そして達成して当然だと変わっていった**のです。

爆伸びポイント

ワクワクする「Goal」を考える際、自分たちのサービスが幸せにできるユーザー数など、現場メンバーがワクワクする表現にすることが重要。

最高の計画を描く③

市場規模から凄いゴールを描いた私の上司

凄いGoalを描く方法として、市場規模を類推して、そこから事業計画を立案した事例を紹介しましょう。そのプロジェクトをプロジェクトオーナーとして推進したのは、当時の私の上司であったMさんでした。

Mさんは、担当事業が、**最高いくらの売上になる可能性があるのかを「見える化」するプロジェクトを立ち上げました。**私はそのプロジェクトマネジャーになりました。

関係者が集まり、喧々諤々(けんけんがくがく)、様々な市場データを収集し、識者にインタビューをしました。それまで、この事業は当時の売上前後を行ったり来たりしていました。10年程度で1、2割売上が上がれば良いのではないか？ **そんな雰囲気が大半の参加者のイメージでした。**

ところが、プロジェクトを進めた結果、現在の売上規模を2倍にできる可能性があるという結

論に至ったのです。

市場規模全体の推移予想、セグメントごとのシェア推移予想、そしてそのシェア向上のためのドライバー（課題）を明らかにしたのです。

たとえば、不動産会社は1戸あたりの広告宣伝費、販売費を下げたい。すると、物件にマッチした顧客を送客できるサービスがあれば、不動産会社の生産性が向上し、サービスの利用が増加し、私たちのシェア向上ができるということです。

あくまでも可能性ですが、市場全体が飽和どころか縮小している**日本の不動産市場で、売上が倍になる可能性を「見える化」できた**のです。

不思議なものです。「見える化」すると、なんとなく実現できるかもと思う人が増えてくるのです。実際、それから10年ほどの時間が経って、その事業は、実際にそのときにシミュレーションした売上2倍を実現したのです。

Mさんに限らず、リクルート内の私の過去のイケている上司は、**皆「Goal」を明確に示していました**。簡単には実現できないけれど、それが実現したらワクワクする「凄いGoal」を示していたのです。

逆にイケていない上司は、会社からの目標をそのまま、あるいは自分も「納得していないのだけれど」と言い訳しながら、現場に伝えるだけでした。現場にいた私たちは、上司に言われたことを伝えるだけであれば、誰でもできると思ったものです。

大事なのは、**上司から与えられた目標を自分自身の言葉で語ること**です。その際に、その目標を達成できた場合に、私たちがどのようになっているのか物語で話すことがポイントです。顧客の声、社内の他部署からの声、チーム内での会話、これらを生き生きと語るのです。

爆伸びポイント

「Goal」は明確に示すことが重要。それも手に届くレベルでは不十分。できるかどうかわからないけれど、実現するとワクワクする「凄いGoal」設定が重要。

Googleの Moon Shoot（月に向かって撃つ）や、多くの**IT**企業が取り入れているOKR※のObjectivesやリクルートのWCMのWill（168ページを参照）も、このワクワクするGoalを設定しようとする仕組みの1つ。

※OKRは目標管理の一手法。Objectives and Key Results（目標と主要結果）の略称です。GoogleやFacebookなど、シリコンバレーの有名企業が取り入れていることで有名です。

最高の計画を描く④

達成できない場合に下方修正をするタイミング

Goal設定がうまくいった話を2つ紹介しましたが、すべてがうまくいくわけではありません。

私自身、目標を大幅に下方修正した経験があります。それは序章で述べた住宅カンパニーの新規事業を引き継いだ当初のことです。引き継いだ際の事業計画では、アクセルを踏んで大量に拠点展開をするというものでした。

事業計画は、かなりアグレッシブに見えました。しかし、異動直後の私は業界の門外漢。現場は、私が知らない秘策を持っているかと期待しました。

そこで、赴任直後の4月半ばに、部署のキーパーソン6人と一緒に1泊2日の合宿を設定し、詳細を確認したのです。

ところが、この合宿の結果、絶対に今年度の事業計画が達成できないことが分かりました。

原因はシンプルでした。集客、マッチング、オペレーションなどすべての項目について、部分最適な最高数値を前提に計画立案をしていたのです。

つまり売上＝集客×マッチング率×平均売上のそれぞれの項目の数値が最高の前提だったのです。

そして利益（＝売上－コスト）を達成する際のコストが最小限の前提になっていたのです。その計算結果を元にした事業計画は、売上計画は高めに、コスト計画は低めに設定され、大きな利益が見込めるというものでした。

しかし、実態との乖離はかなり大きなものでした。

業務標準化（決められた業務の流れが徹底されること）もできている前提でした。これらの前提がそろえば、利益を出しながら拠点展開ができるというストーリになるのです。

これって当時はよくある話でした。その原因は、本社からの業績圧力やそれに対する現場の忖度。加えて、関係者間の情報共有不足などが原因でした。

そう起案しないと、事業承認が取れないと考えたのかもしれません。ある意味、「新規事業あるある」でもありました。

赴任2週間で事業計画が達成できないことが判明したのです。

そして赴任して1カ月後の、4月末には事業計画の下方修正を申請しました。アクセルどころか急ブレーキです。動いていた拠点計画も採用計画もすべて白紙に戻しました。

周囲は「スタートもしていないのに白旗をあげるのか？」と下方修正を諌める声もありました。

しかし、私には、**「悪い兆し」こそ経営に早めに上げるべきであるという信念**があったので、躊躇しませんでした。つまり、**下方修正のタイミングは、悪い兆しが分かったら「すぐに」が答え**なのです。

そもそも、経営陣も現場の事業責任者である私も、いわば同じ船に乗っている仲間のはずです。

私の想像通り経営陣は、事業計画の下方修正を受け入れてくれました。

しかし、同時に経営陣の新規事業への関心が微妙に下がっていくのを感じました。

それは、仕方ないですね。

経営陣が、次に興味を持ってくれたのは、先に述べた「10倍の売上を目指した」とき。この時点から2年後でした。

爆伸びポイント

経営にとって、悪い情報は少しでも早く知りたいもの。時間があれば、対策の選択肢がたくさんある。ギリギリになって悪い情報を報告されると選択肢が少なく、ヒト、モノ、カネをより多く投入しないといけなくなる。今回の例では、目標の下方修正は、「1秒でも早く」を徹底した。

最高の計画を描く⑤

異動先でゴールを設定する際のポイント

問題を抱えた部署に異動して、そこで凄いGoalを設定し、それを実現に導く――。これを成功させれば称賛を得ることができます。しかし、難易度が高いミッションです。

このような新しい部署や職場で、マネジャーがやるべき手順を私の体験談も含めて紹介します。

次の手順を知っていれば、**新天地で凄いGoalを設定できるようになります。**

■ 新天地でも必要以上に意気込まない

まず、あなた自身について考えてみます。今回のあなたの異動は、おそらく「会社にとって重要な事業」であり、難易度は高いですが、やりがいはありそうです。

成果を出せば、当然評価もされます。一般的に、こんな業務を任される機会はそうそうありません。そう考えると、やる気は出そうです。あなた個人は、難易度の高さはともかくも、やりがいがあり、ワクワクしやすい状況です。

しかし、迎え入れる側の新部署のメンバーのほうはどうでしょうか？　おそらく「問題が起きる前」は、ワクワクしたGoalに向かって頑張ろうと思っていたはずです。つまり以前は、ワクワクしたGoalがあったのです。

しかし、現状と事業目標とが乖離していたとすると、元気もないかもしれません。どうやって与えられた事業計画を達成するのか、その方法も分かっていないに違いありません。その結果、ワクワクするGoalへも疑念が湧いているかもしれません。目標が高すぎたのではないか？　戦略が間違っていたのではないか？　そのような雰囲気ではないでしょうか。

このような現場状況にもかかわらず、新部署のリーダーになると、ついつい必要以上に肩に力が入ってしまいがちです。今までやってきたことを全否定する、新しい方針を打ち立てようとする、意味のない言葉（「困難に打ち勝とう」など）で鼓舞したりするかもしれません。その結果、現場のメンバーの信認を失ってしまうのです。

もちろん抜本的に戦略を変えないといけないこともありますが、そうでないケースもたくさんあります。

そう考えると、あなたがしなければいけないのは、**「どうすれば目標達成できるのか」を考え抜き、具体的な方法を提示すること**だと分かります。

つまり、メンバーが、もう一度、目標達成できるイメージを持つことができれば良いのです。それによりあなたとの関係の質を高め、信認を得るのです。

そうすれば、新規事業のキックオフミーティングのタイミングに戻り、ワクワクした気持ちになるはずなのです。つまり、**わざわざ一から凄いGoalを再設定しなくても良いケースもある**のです。

とはいえ、事業を再度目標達成できるペースに戻す具体的な解決策を考える必要があります。

これができないと全て机上の空論です。

そこで、私が勧めているのは次の3ステップです。

① 現状把握：何が起きているのかを情報収集し、把握する

②　**解釈：集めた情報を解釈し、解決策を検討する**

③　**（現場）介入：解決策を現場に提示し、動いてもらう**

ちなみにこの3ステップは、様々な課題解決の際に有効なステップなのです。

上手に活用するコツは、①現状把握では、事実を正確に収集すること。この現状把握の段階で、誰かの意見や感想や想像が混じってしまうことが多いのです。意識して、事実収集をするのがポイントです。

そして次の②解釈では、①で集めた事実から解くべき課題を特定し、その解決策を検討します。その際は、**現場ができるかどうかはいったん脇に置いておくこと**。うまくいくかどうかは、できるかどうかではなく、やるかやらないかがポイントであることが多いからです。

最後の③（現場）介入。これは、現場に動いてもらうステップです。ここでは、どうやれば現場が本気になって動いてくれるのかを考え、実際に動いてもらいます。なぜ「介入」という言葉を使うのかは後述します。

この手順にそって説明します。まずは、現状把握です。

■ 異動を13回経験した私のやり方

たとえば問題を抱えた部署を引き継ぐ場合は、どこから、どのような順番で情報を収集し、現状把握→解釈すれば良いのでしょうか。

これには定石があるのです。大手企業の例ですが、日産のリバイバルプランの際のカルロス・ゴーンさん、日立のV字回復の際の川村隆さん、JAL再建時の稲盛和夫さん、問題が起きている組織を解決した際には、共通項がありました。

1つは**広く情報を集めること**。そしてもう1つが、実はより重要なのですが、**該当部署や商品と利害関係はあるが、遠い人から情報を集めること**です。遠いというのは、直接は関係していないが、間接的に関与している部門です。

一方でやってしまいがちなのは、すぐに前任者から話を聞くことです。つまり新天地で情報を集める順番は、

第一グループ
・利害関係者だが遠い人たち
・（人ではないですが）過去の事業計画書や経営会議の資料から時系列でまとめた資料（日時、会議体名、資料タイトル、資料内キーワード、結論、主な発言を一覧にした資料）

第二グループ
・現場メンバー
・前任者

の順です。たとえば、第一グループは、事業部門を引き継ぐのであれば、本社の管理部門、システム部門の責任者、別部門の担当取締役や社長などが適任です。そして、聞く内容は

1　この組織の好きな（良い）ところ
2　嫌いな（悪い）ところ
3　本来何をしてほしいのか（すればよいのか）
4　そのためにどうすればよいのか

5　何ができていないのか

6　その理由は何だと思うのか

これらを通じて、現状把握するのです。

並行して、その組織の歴史を調べます。

特に重要なのが、**組織の癖**です。具体的には、新たに担当する組織の事業計画資料や経営会議の資料、議事録、発言録などを入手します。それを「時系列でまとめる」のです。

この時系列の資料から、担当する組織の癖が把握できます。**癖というのは何か判断をする際の軸のことです**。たとえば、事業計画を低めに作成して、経営陣や上司から上方修正を提案される。つまり、保守的な計画を立てる組織なのか、あるいは逆なのかを把握します。**議事録や発言録があれば、誰がこの部署に対してポジティブなのかネガ**

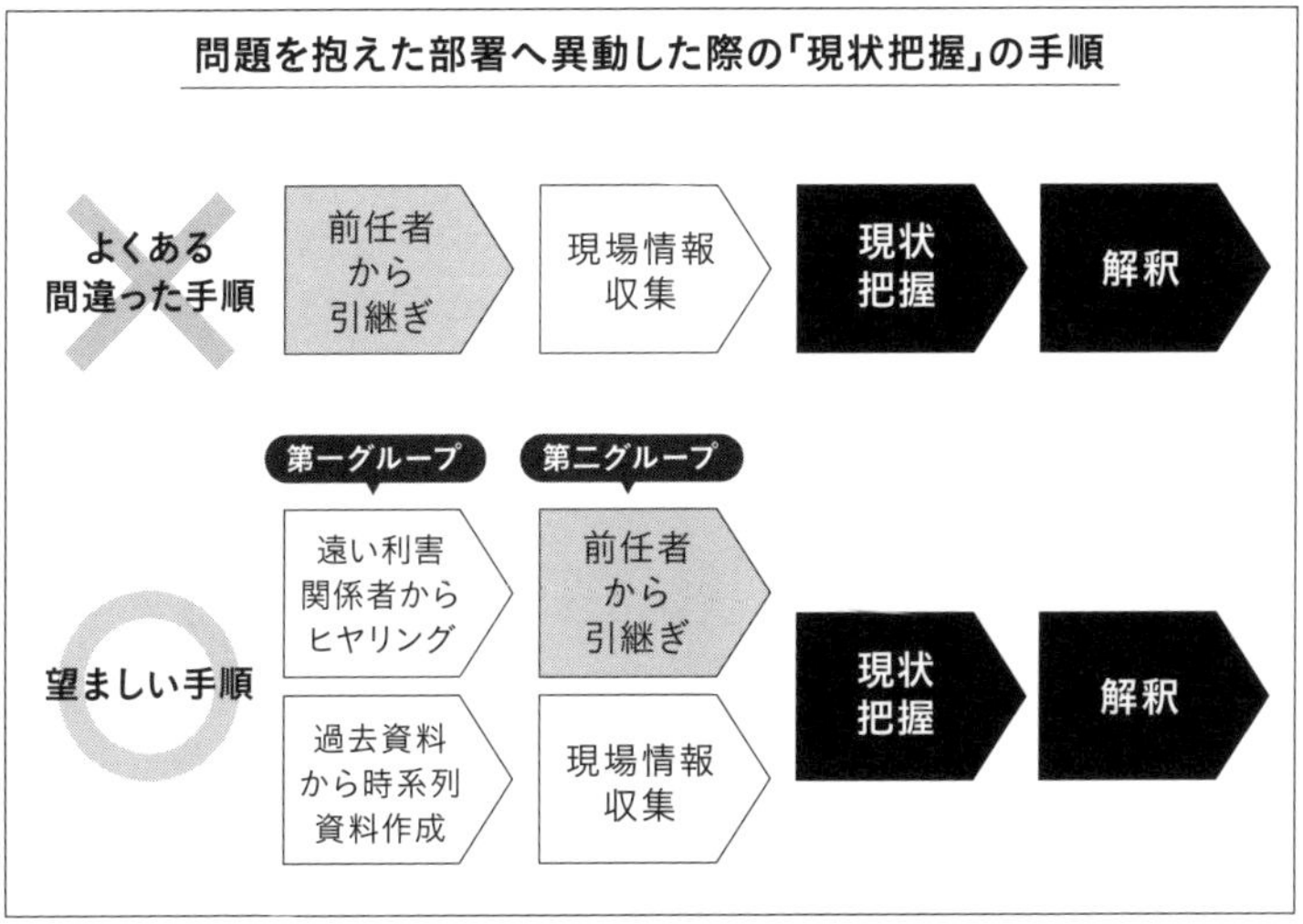

問題を抱えた部署へ異動した際の「現状把握」の手順

よくある間違った手順（×）	前任者から引継ぎ	現場情報収集	現状把握	解釈
望ましい手順（○）	第一グループ：遠い利害関係者からヒヤリング／過去資料から時系列資料作成	第二グループ：前任者から引継ぎ／現場情報収集	現状把握	解釈

ティブなのかが分かります。

これらにより、たとえば、現在の事業計画に対して遅れている理由などが推測しやすくなります。自分たちの提案した数値に対して、上方修正を提案され、納得していないが、その提案を受け入れがちな場合は、無理な目標数値を追いかけているので、「そもそも達成など無理だ」という諦め意識が現場に働きがちです。

これら利害関係者のうち遠い人からのヒヤリングと自組織の情報を集めることで、**新天地に対しての自分なりの仮説を持つことができます。**その仮説を作った後で、前任者と現場など近い利害関係者に話を聞きます。

仮説を持たずに、前任者に話を聞きに行くと、重要な話もそうでない話も、一緒に聞くことになります。つまり取捨選択しづらいのです。そのような愚を避けるためにも、この方法が有効です。

次に「①現状把握」の際のインプットをする手順について説明しましょう。

第一グループのインプット情報から、自分の頭の中で事業計画を達成する方法の仮説を作ります。それを頭に入れてから、情報が多い第二グループ（近い利害関係者）の話を聞き、仮説を修正するのです。

第二グループの人たちに聞くポイントも、遠い利害関係者に聞いたポイントと同じです。

1　この組織の好きな（良い）ところ
2　嫌いな（悪い）ところ
3　本来何をしてほしいのか（すればよいのか）
4　そのためにどうすればよいのか
5　何ができていないのか
6　その理由は何だと思うのか

もし順番を変えて、あなたが、何の事前情報も無い状態で、情報の多い前任者から引き継ぎを受けることを想定しましょう。

事前情報が無いので、前任者の情報を鵜呑みにしてしまいます。その結果、間違った「①現状把握」そして「②解釈」をしてしまう可能性が高いのです。だから、何の情報も無い中で、最初に前任者から引継ぎを受けてはいけないのです。

もちろん、通常の異動であれば、前任者からのインプットから始めて問題ありません。

ただし、**問題が起きている部署への異動の場合、前任者からのインプットでは、課題解決できません**。もし、前任者がどうすればよいのか分かっていれば、実行し、課題解決できているはずですから。うまくいかないので、あなたが後任になったのです。

これで現状把握ができました。続いて、

② 解釈：集めた情報を解釈し、解決策を検討する

③ （現場）介入：解決策を現場に提示し、動いてもらう

という手順に移行します。

現状把握により把握した事実を解釈します。そして課題を解決するための解決策を見つけます。解決策を見つけるのも難しいのですが、ほとんどの人が見逃しているのが、見つかった後の、**「介入」**の重要性です。

解決策を「実行する」と考えるのではなく、介入という言葉を私は使っています。これは現場への心情を考えてこの用語を使うようにしているのです。

現場は、日々動いています。一生懸命何かに取り組んでいるのです。そこに何か新たな業務がやってくるのです。現場からすると基本的には、面倒くさい話なのです。

つまり何か介入されると感じるわけです。ですので、解決策を現場に実行してもらうリーダーは、現場に面倒くさいことを実行してもらう、つまり介入するのだとの意識を持つべきだと、私は戒めているのです。

この意識を持つだけで現場とのコミュニケーションはかなりスムーズになります。

爆伸びポイント

状況が分からないまま、仮説を持たずに前任者からヒヤリングすると、その意見を鵜呑みにしてしまう。そして、(うまくいかなかった)前任者の劣化版として現場にその実行を依頼してしまう。それでは当然うまくいかず、現場からの信頼低下を招く。

仮説を持つためにヒヤリングの順番を考えよう。

日常の業務で凄いGoalを設定する

MVVの「自分事化」が組織を強くする

前項のように、「異動先で事業を立て直す」ような非日常の業務であれば、難易度は高いですが、全社の注目も高く、自分自身にとっての凄いGoalを立てやすい状態だと言えます。
また、新規事業であれば、そもそもメンバーにとっても凄いGoalが設定されているので、それを思い出すことができれば良いのです。

しかし、これらのような事業立て直しや新規事業を担当するのは、稀な話。そこで本章の締めくくりとして、いつもの業務で「凄いGoal」を設定するための工夫について述べます。

それには、会社や事業の**MVV（ミッション・ビジョン・バリュー）**を確認すると良いでしょう。MVVは、ピーター・F・ドラッカーが提唱した「企業の経営方針」のことです。ミッション（mission）とは、企業が社会で実現したいこと。ビジョン（vision）は、ミッションが実現し

MVVとは

- **ミッション(mission)** ＝ 企業が社会で実現したいこと
- **ビジョン(vision)** ＝ ミッションが実現したときの状態
- **バリュー(value)** ＝ 組織共通の価値観のこと

たときの状態。そして、バリュー（value）とは、組織共通の価値観のことです。ミッション、ビジョンは、企業が辿り着きたい「凄いGoal」であり、バリューが、様々な判断を行う際の軸にあたります。つまりMVVは、企業にとって最終的なGoalであり最終的な判断基準という位置づけになります。

創業者や経営者は、自社メンバーには、このMVVを理解し、日々、ミッション、ビジョンに少しでも近づくようにして欲しいと考えています。ですので、創業者や経営者は、MVVを作ること、企業内に浸透することに手間や労力をかけています。

一例を挙げるとMVV作成をメンバーと一緒に作成する、MVVを浸透させるためにツールを作る、MVV研修を実施する、MVVを体現している人を表彰する、などです。

本来、企業のMVVに賛同した人（だけ）、MVVにワクワクする人（だけ）が、その企業に集まってくれれば良いのです。

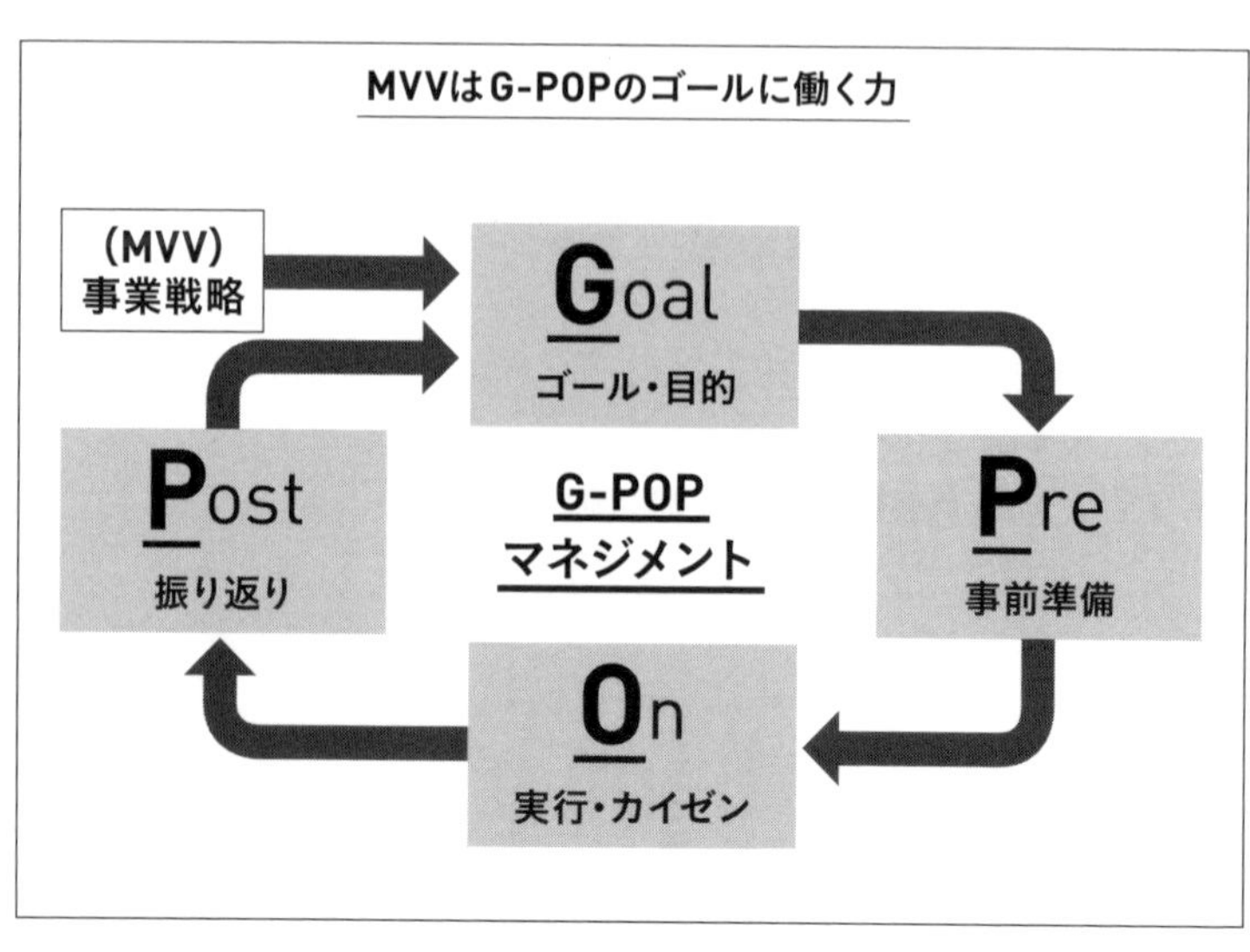

それが本来、企業とメンバーのあるべき姿かもしれません。

ところが、そのような創業者や経営者の努力にもかかわらず、メンバーがMVVを理解し、それに伴って行動している企業、組織は限られています。大半のメンバーは、MVVを意識せずに日々業務を行っているのです。

しかし、**これは朗報だとも言えます。**自社のMVVを自組織、あるいは自分の業務のGoalと関連づける人、組織を増やす余地が多いとも言えるからです。**これらを関係づける人や組織が増えれば増えるほど、それだけで大半の組織、企業と差別化できる**のです。

繰り返しになりますが、MVVは会社の最終的にたどり着きたい「凄いGoal」です。その方向に向かおうとしているのです。それに関連する業務をすればするほど、会社に貢献できる可能性が高まります。

右図のG－POPのGoalの左側からMVVの矢印が来ているのは、そのような意味です。MVVを実現するために、具体的に何をするのか。それが**事業戦略**です。その事業戦略を実現するために、組織を作り、その組織にGoalを設定しているわけです。つまり、自組織だけの部分最適なGoalから考えるのではなく、**会社や上部組織のMVVといった全体最適なGoalと自分や自組織のGoalを関連づける、つまり自分事化することが重要**なのです。

ただし、世の中にはお題目だけのMVVを掲げている会社もあります。たとえば、他の会社でも使えるようなMVVであれば、それはお題目だけの可能性があります。

MVVと経営のつながりをイメージしてもらうために、1つ事例をご紹介しましょう。

■ J&Jから学ぶMVV経営

1982年、ジョンソン・エンド・ジョンソン社（J&J）の主力鎮痛剤であるタイレノールを服用したシカゴ周辺の人々が、なんと次々に「突然死」するという不可解な事態が発生しました（外部からの異物混入と言われているのですが、今でも原因、犯人は不明）。

これを機に、J＆Jは社会からの信頼を大きく失墜させ、倒産寸前にまで追い込まれる状況に陥りました。

事件発生直後、CEOであったジェームズ・パーク氏は、自社には責任がないと言い逃れをすることもなく、すぐにマスコミを通して「アメリカの消費者にタイレノールを一切服用しないこと」という旨の警告を発信し、自主的に商品の回収を行いました。

衛生放送を使った30都市にもわたる同時放送、専用フリーダイヤルの設置、新聞の一面広告、TV放映と、考え得るありとあらゆる手段を講じて危険を伝えました。

同社は重要な情報を包み隠さず発信し続け、マスコミからの厳しい追及を受けても決して委縮せず、常に誠意ある対応を取り続けたのです。

この判断軸にあったのが、同社の**「我がクレド」**です。そこには利用者、従業員、地域、株主への信条が書かれています。その信条に照らし合わせて、自社が原因ではないかもしれないのに全商品回収、利用停止を呼びかけました。

全米の棚から消えたタイレノールでしたが、2カ月後には元の売上の8割まで復活したのです。

ここまでは有名な話です。ご存知の方も多いでしょう。

しかし、実はこの話には続きがあるのです。J&J社は、この事件が起きる直前に幹部、管理職、従業員とクレドの再確認をしていたのです。

従業員の声の中には「我がクレド」は形骸化しているとの話もあり、変更したほうが良いという要望もあったそうです。しかし、時間をかけて、皆と再確認した結果、クレドを残すことになったのです。事件が起きたのは、この再確認をした直後でした。CEOのパーク氏は「これ以外の判断は無かった」と言っていたそうです。

つまりJ&J社のようにMVV経営をしている会社であっても「再確認」は有効です。そして、再確認する際には、幹部、管理職、従業員全員で実施していました。かなり手間暇をかけているのです。

私自身もかつて、自組織のMVVの設定を主導したことがあります。手間暇をかけました。私のいたリクルートグループは、ここに時間と労力をかけるのを厭（いと）わない組織でした。

また、実際にＭＶＶ作成に携われると自分事化しやすいというメリットはあります。しかし、一方で作成に携わっていないメンバーにとっては、自分事化しにくいというデメリットもあります。そのためにも定期的なＭＶＶの確認は欠かせないのです

■ＭＶＶを自分事化する４つの手順

私の知り合いの元大手自動車メーカーのＴさんが新管理職になったときの話です。当時、同社では、新管理職になるとチームメンバーに、自組織の方針を発表する習慣がありました。

Ｔさんも、それまでは新管理職の方針を聞く立場でした。過去の方針を思い出すと、毎回その瞬間は盛り上がるのですが、その後は大きな違いがありました。その方針がチームメンバーの行動に影響を及ぼすケースと、全く及ぼさないケースがあったのです。

Ｔさんは、自分の方針発表後は、チームメンバーの行動に影響を与えたいと考えました。できれば、**皆が日常的に口癖のように話をして欲しい**と考えました。

どのような内容であれば日々「口癖化」できるでしょうか？　自分で納得できる内容であれば、

「口癖化」できると考えました。

その際に、TさんはMVVのことを思い出しました。新管理職研修の際もMVVについて丁寧に説明があったのです。この自動車メーカーはグローバルで事業を展開していました。当然MVVは、グローバルな視点で語られています。とても高尚な内容です。もちろん理解はできるのですが、話が大きすぎて、すべては共感しにくいのです。とはいえ、一部に対してはとても共感できたのです。たとえば**「存在を期待される企業になる」**という内容は、ぜひそうなりたいと思っていました。

そう考えると、突破口が見えました。すべてのチームメンバーがMVVの内容すべてを「口癖化」しているのではなく、それぞれが自分の納得できる内容を「口癖化」し、すべてのチームメンバーの「口癖」を統合するとMVVになっているという状況を作ればよいと考えたのです。

とはいえ、これを一気に全チームメンバーで実施するのは大変です。そこで新管理職になった自分自身が「自組織のメンバー」に熱く語り、それを「口癖化」することから始めれば良いと考えたのです。

そして、その第一歩としてTさん自身が「納得できるMVV」を選択し、自組織で実施してみ

MVVが浸透していく例

- ① MVVの中から私自身が納得度が高いものを選ぶ
- ② それをメンバーが自分事化できるように話す
- ③ 日常の会話に盛り込んで利用頻度を高める
- ④ 皆の口癖になる

上記を自組織に実践し、その成果を元に他組織に横展開を検討していく。
ポイントは、全てのMVVを全てのメンバーに納得させるのではなく、
各自が納得するMVVを行動→習慣化させること。
全メンバーの行動・習慣を統合すると全てのMVVになる

ることにしました。これがうまくいけば、その内容を全社に横展開すれば良いのです。

Tさんが選んだ、**「存在を期待される企業を目指してチャレンジする」**は自身もしっくりくるフレーズです。しかも、一部を変えると**「自分事化」**しやすい内容でもありました。

たとえば、「存在を期待される**企業**」→「存在を期待される**事業部**」→「存在を期待される**部**」→「存在を期待される**課**」→「存在を期待される**チーム**」→「存在を期待される**個人**」というふうに、自分事化しやすいのです。

自組織内で、Tさんは、「私は存在を期待されるマネジャー」を目指してチャレンジすると宣言したのです。そしてメンバーには「存在を期待さ

れる個人」であり続けられることを目指してチャレンジして欲しいと伝えたのです。

その際に、**誰から「存在を期待される」のか**を合わせて議論しました。議論の結果、2つの「誰」が確定しました。1つは**「顧客」**。もう1つは**「社内の別部門」**。この2つから「存在を期待される」ようになろうと確認したのです。

それ以降メンバーとの会話が変わりました。

これでは「存在を期待される」仕事レベルには到達していないのではないか？

これは「存在を期待される」仕事レベルに到達しているのではないか？

という会話が頻繁にされるようになったのです。まさに「口癖化」、自分事になったのです。

その甲斐あってか、半年後に、「Tさんの組織は卓越したパフォーマンスを提供してくれた」と全社表彰されるほど仕事の成果が上がったのでした。

上司にトライアルの結果を報告したところ、MVV浸透の有効な方法の1つだと認定され、これを人事部門主導で展開するという話になったのです。

MVVは自社だけで活用できるノウハウではなく、**顧客企業に提案する際にも活用できるのです**。提案内容と顧客企業のMVVを関連づけることができれば、その提案が承認される可能性はより高くなります。

■ 中尾塾に通う経営者たちの凄いゴール

私が主催している「中尾塾（経営者向けの私塾）」での、参加者のGoalの一例を紹介しましょう。彼らは①**人生をかけて実現したいGoal**、②今年実現したいGoal、③今月実現したいGoalを決めています。そのうち①人生をかけて実現したいGoalの一部を本章の最後に載せました。ちなみに、経営者や幹部社員であれば、MVVが人生をかけて実現したいGoalと一致していることがあります。

リーダーは、夢を語る必要があります。それもメンバーがワクワクするような夢を語る必要があります。この①人生をかけて実現したいGoalは、ある意味、中尾塾に参加しているリーダーたちが語っている夢、つまりMVVです。

みなさんの①人生をかけて実現したいGoal設定の参考になるかもしれないと思い、共有させてもらいます。

爆伸びポイント

リーダーは夢を語る必要がある。①人生をかけて実現したいGoalを語り、それに近づくために②今年実現したいGoal、③今月実現したいGoalを説明する。これらの関係性が分かることで、メンバーは、自分の日々の仕事の意義や意味を理解できるようになる。

中尾塾に通う経営者たちの凄いGoal

- ① 多くの人が熱狂する、幸せになるプロダクト／インフラを作る。
- ② 人と世界の未だないTURNINGPOINTを創っていく！
1兆円企業へ！
- ③ 世界に自己実現をしたイノベーターを増やし、支援する事業を生み出す。令和時代の渋沢栄一になる。時価総額200兆円以上。
- ④ 今ある常識をプロセスとテクノロジーで解き明かし産業構造を根底から変え、人がヒトらしくある世界を創る。
- ⑤ 科学と社会の発展に世界で最も貢献する会社を創る。
時価総額1兆ドル。
- ⑥ 個性と才能が活きる社会をデザインする。令和のグレイテスト・ショーマン。
- ⑦ 日本のフィットネス人口を増やし未病を減らす。
- ⑧「働く人がモチベーション高く愉しんで仕事できるようマインド変革とチームビルディングを支援して、競争力あるビジネスが生み出せるよう支援すること」
- ⑨「チームワーク×テクノロジーで笑顔あふれる社会を創る」社会を動かす企業づくり。
- ⑩ 現在展開している学習プラットフォームを世界中隈なく展開する。モバイルやデジタルの力で誰にも平等に学びの機会を拡げることが出来れば、世界的な課題である学びや情報の格差を歴史上初めて無くすことができ、戦争や貧困のない、平和で新しい世界を見ることができ、その結果私達が今までまだ経験したことがない人類のアップデートが起こると真剣に考えています。
- ⑪ 世界中の1億人に21世紀型の教育提供し、彼らの人生を変え、世界を変える。

第2章

Pre

段取り八分、
仕事二分を目指す
「事前準備」

マネジメントの質は、職場の関係構築で決まる

「段取り八分、仕事二分」という格言があります。

仕事の成果は、段取り、つまり事前準備で8割決まることを表しています。

この段取りのことを、G-POPでも重要視し、Pre（事前準備）と呼んでいます。

では、具体的に何の事前準備をすればよいのか？　事前準備も2つのポイントがあります。

①PE（People Empowerment：やる気に火をつける）
②PM（Project Management：仕事のダンドリ）

この2つは、Goal（ゴール、目的）を実現するための両輪のような位置づけです。

さっそく、それぞれのポイントを見ていくことにしましょう。

2つのPre(事前準備)

① PE(People Empowerment)
やる気に火をつける

やる気に火をつけるには

- Why are you here?
- やりたいことはなくてもいい

「関係の質」を高める

- 「あなたが言ったのであれば、信じよう」
- 自分で「自分の仕事」を決める

② PM(Project Management)
仕事のダンドリ

未来に備える

- 未来の組織図をつくろう
- 未来を担う人材を育成しよう

今の仕事で成果を出す

- ゴール、体制図、航海図で確認する
- MAT、30MR、9BOXでWCMをつなぐ

Why are you here?
何をするためにここにいるのか？

私が29年間在籍していた**リクルートは、チームメンバーの「やりたいこと」を常に探そうとしている組織でした。**

何かあると**「あなたは何をしたいの？」**と聞かれるのです。そこで表面的な回答をすると、何度も何度も深掘りされます。

人はやりたいことをしているとき、成果が出やすいものです。やりたい仕事なので、できないことがあってもできるように習得しようとします。できることが増えると、成果もあがるようになってきます。成果が出るので、楽しくなって、またやる気が上がっていきます。

逆にやりたくない仕事をするとき、成果が出にくくなります。これはやりたいことをするときとは逆のサイクルになるからです。

そう考えると、自分自身が何をやりたいのかを把握しておくことは重要です。そしてマネジャーは、自分自身だけではなく、**チームメンバーが何をしたいのかを把握しておくことも重要であることが分かります。**では、どうやってやりたいことを探せば良いのでしょうか？

リクルートでは、この「あなたは何をしたいの？」を英訳した際に、直訳せずに**「Why are you here?」**と訳していました。意訳すると「Why」は「なぜ」ではなく「何をするために」というニュアンスが近いですね。つまり、**「あなたは何をするためにここにいるのですか？」**です。

「ここ」に当てはまる言葉はたくさんあります。「リクルート」であり、「新規事業のチーム」であり、「管理職のポジション」であり、「会議」でもあるのです。

「あなたは、リクルートで何を実現するためにここにいるのですか？」

例：誰でも良質な教育を受けられる環境の提供を実現するため（スタディサプリ）

↓都市と地方では、学習機会に不均等が起きていた。

「あなたは、この新規事業で何を実現するためにここにいるのですか？」

例：誰もが簡単に事業を開始できる環境の提供を実現するため（Ａｉｒレジ）

↓ＰＯＳレジ導入、運用には多額の資金が必要であった

「あなたは、自分のチームをどうするためにここにいるのですか？」
例：休み明けに、会社に行きたいと思うチームを作るため
「あなたは、この会議で何をするためにここにいるのですか？」
例：今回の議題に対して私の意見を伝えるため

リクルートでは、こんなことを日常的に質問し、確認されるのです。加えて、半年に1回、「3年後に自分はどうなりたいのか？」というWill（意志）を確認する機会もありました。つまり、常に自分自身、チームメンバー自身の「やりたいこと」を把握する習慣があるのです。一方で、「やりたいこと」を聞くだけではなく、機会があれば、あるいは機会を探して、そのやりたいことをやらせようという方針もありました。

何度か述べましたが、リクルートグループには、ＣＷ制度といういわばＦＡ（Free Agent）制度がありました。それぞれの部署が必要なポジションを提示し、そのポジションを「やりたい」

人が手を挙げられるのです。メンバーにとってはとても恵まれた環境だと思います。常に「やりたいこと」を確認する仕組みに加えて、「やりたい」ことを実現できる仕組みがあったこともあり、その結果、「やりたいこと」が明確な人が多かったように思います。

これらの仕組みがあれば良いのですが、ない会社が大半だと思います。その場合でも、会社の方針・戦略などを経営者の年頭所感などから把握し、新しい仕事を想像しておくことが重要です。それを上司や人事と話をする機会、たとえば評価設定や評価面談などで、伝えることから始めると良いでしょう。1回や2回では通じなくても、繰り返す中で、自分のやりたいことに近づける可能性が高まります。

爆伸びポイント

・何を実現したくて、あなたは今の会社にいるのか?
・何を実現したくて、あなたのチームメンバーは今の会社にいるのか?
会社を職場、プロジェクト、会議などに置き換えて考えてみよう。

やる気に火をつける②

「やりたいこと」はなくても構わない

常に「Why are you here?」を確認するのは良い習慣です。

しかし、会社にそのような環境がなかったり、先述のような仕組みがない会社が大半でしょう。その場合はどうすれば良いのでしょうか？

私自身、29年間リクルートにいたので、最終的に「やりたい」ことを見つけられました。しかし、自分自身のやりたいことを見つけられたのは40歳手前、入社して15年程度経ってからでした。見つけられない間、「Why are you here?」という問いかけやCW制度は、私にとっては、かなりのプレッシャーでもありました。

もともとリクルートは起業意欲が高い人が多く、入社前から「やりたい」ことが明確な人も少なくありません。入社当時の私は起業意欲もなく、彼ら「やりたい」ことが明確なチームメンバーのことを羨ましく思っていました。私自身、表向きには、「やりたい」ことを話し、必要書類には記入して提出していました。しかし、本音は違いました。「やりたい」ことなどない、というのが実態でした。

そんな私でも、最終的には40歳前後でやりたいことが見つかりました。

しかしここで一番伝えたいのは、**現在、やりたいことがなくても問題ないということです。やりたいことを「無理やり」見つける必要などありません。**

もしみなさんがやりたいことがないなら、自分の会社には、やりたいことを見つける仕組みがないならば、そう考えてみてはどうでしょうか。

もちろん「やりたいことがある人は素晴らしい！」ですが、他人と比較することは意味がありません。ましてや、焦って「無理やり」見つける必要などないのです。これが大前提です。考えていなくても突然、自然に見つかるケースもあります。

とはいえ、やりたいことを考え続けるのはお勧めです。特に定期的に考えてみるのがお勧めです。

たとえば上司から今期のやるべき内容を伝えられたとき、あるいは期末に結果が出たときなどです。そうすると1年に1、2回は「自分のやりたいこと」を考えることができます。

たとえば、会社から与えられた3～5項目程度の内容それぞれに対して、やりたい度合いを点数で評価します。人によっては、得意なこと、できる項目に高い点数が付く場合もあります。

自分だけで見つけられない場合、チームメンバーとやりたいこと、得意なことを相互確認するのも有効です。

また、**組織のリーダーや会社がやろうとしている「やりたい」ことに自分自身が便乗するのも有効です**。会社のビジョンに共感して、その会社に入社したケースなどであれば、ビジョンなどに紐づいている「やりたい」に便乗しやすいのではないでしょうか？

私が組織マネジャーであったときの話です。やりたいことが見つかっていないチームメンバーに対しては、**「あなたのやりたいことが見つかるまで、私のやりたいこと（組織の夢）を手伝ってもらえないか？」**と打診していました。

そして、1on1ミーティングなどで確認したその人の特性に合わせて、得意なこと、できることに合った仕事を担当してもらいます。

確認の仕方は様々です。「何が得意だと自己評価しているのか？」と聞くのも有効です。仕事やタスクの一覧を作って、それらをお互いに見ながら確認するのも有効です。

得意なことですので、成果が出やすいのです。やっているうちに、評価され、さらにできるようになり、そのメンバーの「やりたい」ことになっていったケースが何度もありました。

爆伸びポイント

やりたいことがある人は素晴らしい。しかし、他人と比較し、焦って、「無理やり」見つける必要はない。でもやりたいことを見つけるために次のように考えるのはお勧め。

① 定期的に考えてみる
② 自分の担当業務を「やりたい5点」～「やりたくない1点」で評価する
③ 得意なこと、できることから考えてみる
④ 誰かのやりたいことを実現するのを支援してみる
⑤ あなたがリーダーなら、組織のやりたいことをメンバーに支援してもらうよう打診する

①～⑤を続けながら、だんだんと見つけていく。

職場の「関係の質」を高める

急に上司やリーダーからWhy are you here?（あなたは何をするためにここにいるのですか？）と聞かれたらびっくりするかもしれません。特にその上司やリーダーとの「関係性」がない場合は、聞かれても本音を言わない可能性が高いのではないでしょうか？

職場の関係性については、ＭＩＴで教授を務めていたダニエルキム氏が提唱する**「成功循環モデル」**が参考になります。このモデルは、**組織が継続的に成長し結果を出し続けるサイクル**を示したもので、**結果を高めるためには、関係の質を高めることからスタートする**という理論です。「関係の質」→「思考の質」→「行動の質」→「結果の質」の順に変化していくのです。つまり、「関係の質」が高くないと、「結果」を出すことはできないのです。

組織が継続的に結果を出し続ける「成功循環モデル」

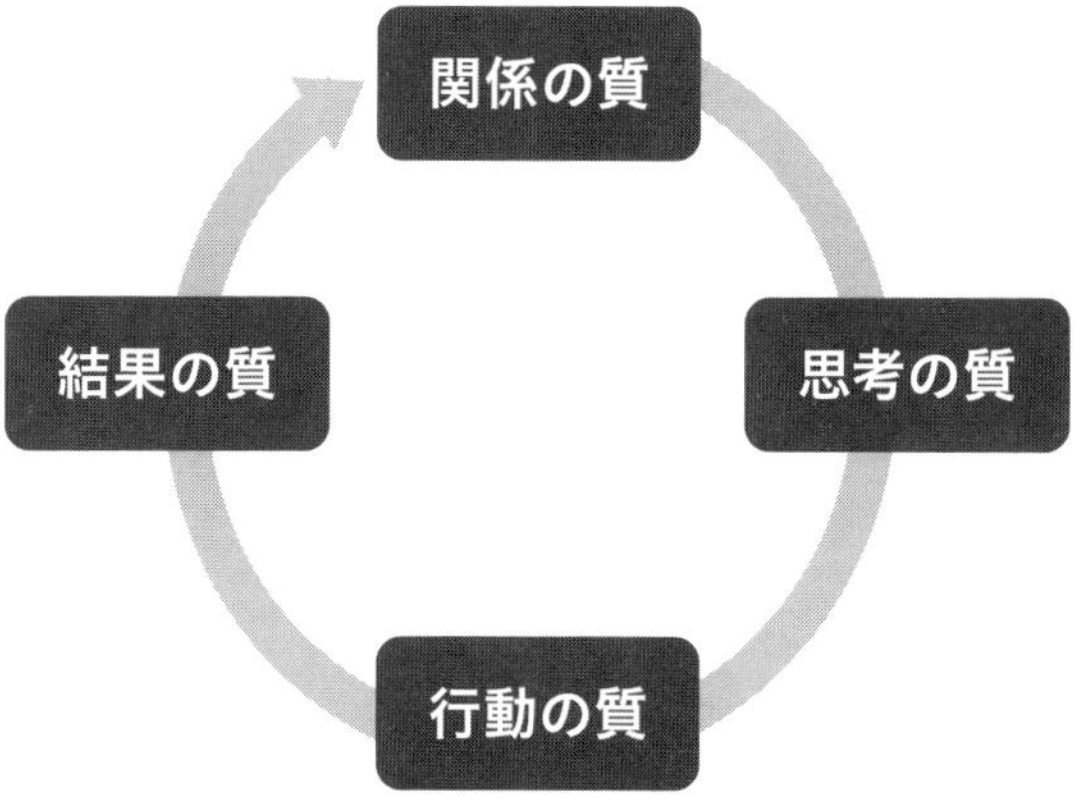

関係の質
思考の質
行動の質
結果の質

類似の話が、「最も影響力のある経営思想家」に選出された世界的研究者であるマーカス・バッキンガムによる共著書『仕事に関する9つの嘘』にも載っていました。

そこでは、**「どの会社で働くかが大事」だというのは嘘で、「どの職場で働くのかが重要」**とあります。そして職場（チーム）の高いエンゲージメントを計る指標として、次の項目が挙げられていました。

- **「会社の使命」に貢献したいと心から思っている**
- **「会社の未来」に絶大な自信を持っている**
- **仕事で「自分に期待されていること」をはっきりと理解している**
- **所属チームでは「価値観が同じ人」に囲まれ**

ている

・私には「チームメイト」がついている

・「優れた仕事」をすれば必ず認められると知っている

・仕事でつねに「成長」を促されている

・仕事で「強みを発揮する機会」が毎日ある

これらの大半は、上司・リーダーと同僚との関係性の話です。

周囲から期待され、チームメイトがついているという安心感があり、成果を認められ、成長を促される職場、関係性です。

最後の「強みを発揮する機会」とは、個人の特性を理解して、適切な仕事を割り振られている職場、関係性だとも言えますね。

こんな職場を作りたいし、働きたいと思うのではないでしょうか？

G-POPのPre（事前準備）として、もしあなたがチームのリーダーであれば、チームメンバーのやりたいことを把握して、やる気に火をつける必要があります。そのためには、まず「関係の質」を高めることを意識しましょう。

■「あなたが言ったのであれば、信じよう」

リクルートで若手営業担当だった時代に、当時の常務が営業担当を集めてアドバイスしてくれる機会がありました。

「提案内容の中身にこだわるのは良い。しかし、提案内容だけでは顧客は納得しない。**大事なのは、君たち自身だ**」

「**何を言ったかではない。『誰が言ったかが重要』なのだ**」

「極端なことを言えば、あなたが言ったのであれば、中身が何であれ、信じてもらえるような人物になりなさい」とアドバイスをもらったのです。なるほどと思いました。

当時メンバーであった私にも思い当たることがありました。同じことを言われてもある先輩から言われると受け入れられるのに、別の先輩から言われるとそうではないのです。

その違いは、その先輩との**「関係の質」**の違いにありました。

この話を聞いて、私は2つのことを思いました。

1つめは私自身、「中尾が言ったから信じる」と言ってもらえる人物になろうと思いました。そのために、新しい部署に赴任する前に、私は**自分自身の職務経歴書＋αをメンバーに送ります**。自分自身を理解してもらうことで「関係の質」を高めるのです。職務経歴書部分は、あまり差異がないと思います。＋αの部分が重要です。次頁に私の場合の例を載せています。

相手を理解するのは簡単ではありません。しかし、自分のことを伝えることはできます。これらの＋α情報を伝えると、私がどのような人なのか伝わりやすくなります。

そして、その後、メンバー全員（あまりに多い場合は主要メンバー）と1on1をしました。ちなみに、今なら第3章で述べる**GC（グループコーチング）**を行い、より多くのメンバーと関係の質を高めたと思います。

加えて、定期的に考えていることを全メンバーにメールやchatで伝え続けます（次々頁に一例）。

これらを短期間で実現すると、戦略など硬い話に加えて、中尾の人となりも伝わります。その結果、「関係の質」が高まり、中尾が言うのであれば、一度きちんと理解しようという姿勢になってくれたのです。つまり「思考の質」が変わり、それに伴い「行動の質」が高まるのです。

私は、これらの方法で短期間に多くのメンバーとの「関係の質」を高めました。

メンバーに開示した私(中尾)の情報

大事にしていること	●5S(5 Satisfaction:従業員、法人顧客、個人顧客、株主、世間の満足)を実現します。 ●オープン&フェア:立場にかかわらず情報を全て開示します。※開示しないのは、未決定情報(人事情報、事業計画、上場会社との協働情報) ●G-POPマネジメント:別途詳しく説明します。
好きなこと	●ワインを飲む(毎日飲んでいます)。帳尻を合わせるために歩きます(15,000歩/日)、本を読む(年間100冊読んでいます)。モノを考える。 ●飲み会は好きです。誘ってください。
得意なこと	●最も大事なことを見つけて絞ること、プロジェクト・マネジメント、管理会計、KPIマネジメント、事業執行、事業監査など。これらで相談あれば喜んで。
やらないこと	●ゴルフ:若いときはやっていましたが休みをつぶすことになるのが嫌で止めました。 ●カラオケ:喉が弱いので、行くと翌日使い物になりません。これらには誘わないでください。

チャットやメールでメンバーに伝えたこと

0121	信頼残高
0128	組織の成長を実感
0204	節分
0218	エンゲジーメントサーベイ共有会と下期目標状況
0225	ぶつかりそうになったら人に道を譲る
0303	仕事で涙したNさんを羨ましく思った
0310	4月1日人事
0317	できるかできないか、じゃない。やるかやらないか、だ
0324	スピードが速いことは人を感動させる
0331	Tさんが自分が担当したカスタマーの新居を訪問した話

比較するのはおこがましいですが、ＪＡＬ再生時に稲盛さんもキーパーソンとは１on１、そして全国各地で車座集会を開き、直接質問に回答されました。それらを通じて稲盛さんの考えを伝えると同時に「関係の質」を高めたのです。

チームの「関係の質」を高めるためには、前述のように**リーダーが自己開示するのも重要**ですが、**チームで共通体験することもポイント**です。合宿や研修などで、一緒にゲームするのも有効です。

イベント的なものでなくても日常でできるものを１つ紹介しましょう。それはミーティングの前後で行う、チェックイン・チェックアウトです。

会議の最初に４人程度のチームに分かれ、チェックインとして**「24時間以内にあった感謝の話」**あるいは**「週末の楽しかった話」**などを１人ずつ共有します。**感謝を話すと人はポジティブになり、**

ミーティングの場が前向きになりやすいのです。週末の話をするとその人の人となりがわかります。『1兆ドルコーチ』で有名なビル・キャンベルも、会議の冒頭に「週末の楽しかった話」を聞いていたそうです。

そして会議終了時のチェックアウトでは、今日の会議への感謝をシェアします。これらをしばらく実施するとチームの「関係の質」が向上するのでお勧めです。

もう1つ、先ほどの常務の話を聞いて、感じたことがあります。

それは、私が話を聞くときの心構えです。その際は、誰が言ったかではなく、**「何を言ったか」で判断するようにしよう**と強く思ったのです。今でも、これは強く意識しています。

人には無意識のバイアスがあります。この人が言っているから、テレビが言っているから、本に書いているから――。これらのバイアスが、事実を曇らせ、判断を鈍らせるのです。

爆伸びポイント

「関係の質」を高めるために、「あなたが言ったのであれば、信じよう」という関係性を作る。1on1（グループコーチング）、車座、職務経歴書＋αなど、自分ならではの「関係の質」向上策を見つけよう。そして、話を聞くときは「誰が言ったか」ではなく「何を言ったか」で判断しよう。

仕事は自分で決めるのが一番

「自分のことを自分で決める」ことがその人の幸せに繋がる。これは、心理学者のカール・ロジャースの言葉です。

これは、仕事にも当てはまります。一方的に人から与えられた仕事だと、嫌な気分になりがちですが、**「自分で自分の仕事を決める」**と、その仕事に対して前向きに取り組めるようになります。

では、具体的にはどうすれば良いのでしょうか。

今から始まる期（半年、1年）の1、2カ月前、ちょうど上司があなたの仕事（業務や役割）を決める前に、自分自身の仕事を想像して作るのです。

いわばこれから始まる期の**「未来の仕事」**を先取りして作るということです。

遠い未来の話ではなく、数カ月後の仕事を想像する話です。作成するのは比較的容易です。なぜならば、未来の仕事は次のように分解できるからです。

①今やっている仕事で継続する仕事は何か
②新しく始まる仕事は何か

この2つを想像すれば良いわけです。特に①は比較的簡単です。一方で、想像する際に少し工夫が必要なのが②です。新しく始まる仕事を想像するには、次のことを理解しておく必要があります。それは、**「上司はどうやって、あなたの仕事を決めているのか？」**ということです。

全ての従業員の仕事は、会社全体の戦略の一部を担っています。言われたら当たり前の話です。この当たり前の話に立ち返るのです。

会社全体の戦略は取締役会で決定します。この取締役会とあなたをつないでみましょう。たとえばあなたがメンバーであれば、取締役会に参加している取締役→部長→課長→あなたと4階層あるとします。まず会社の戦略があり、その会社の戦略の一部を部長が担っています。そして、部長の戦略の一部を課長が担っています。そして、課長の戦略の一部をあなたが担うという関係

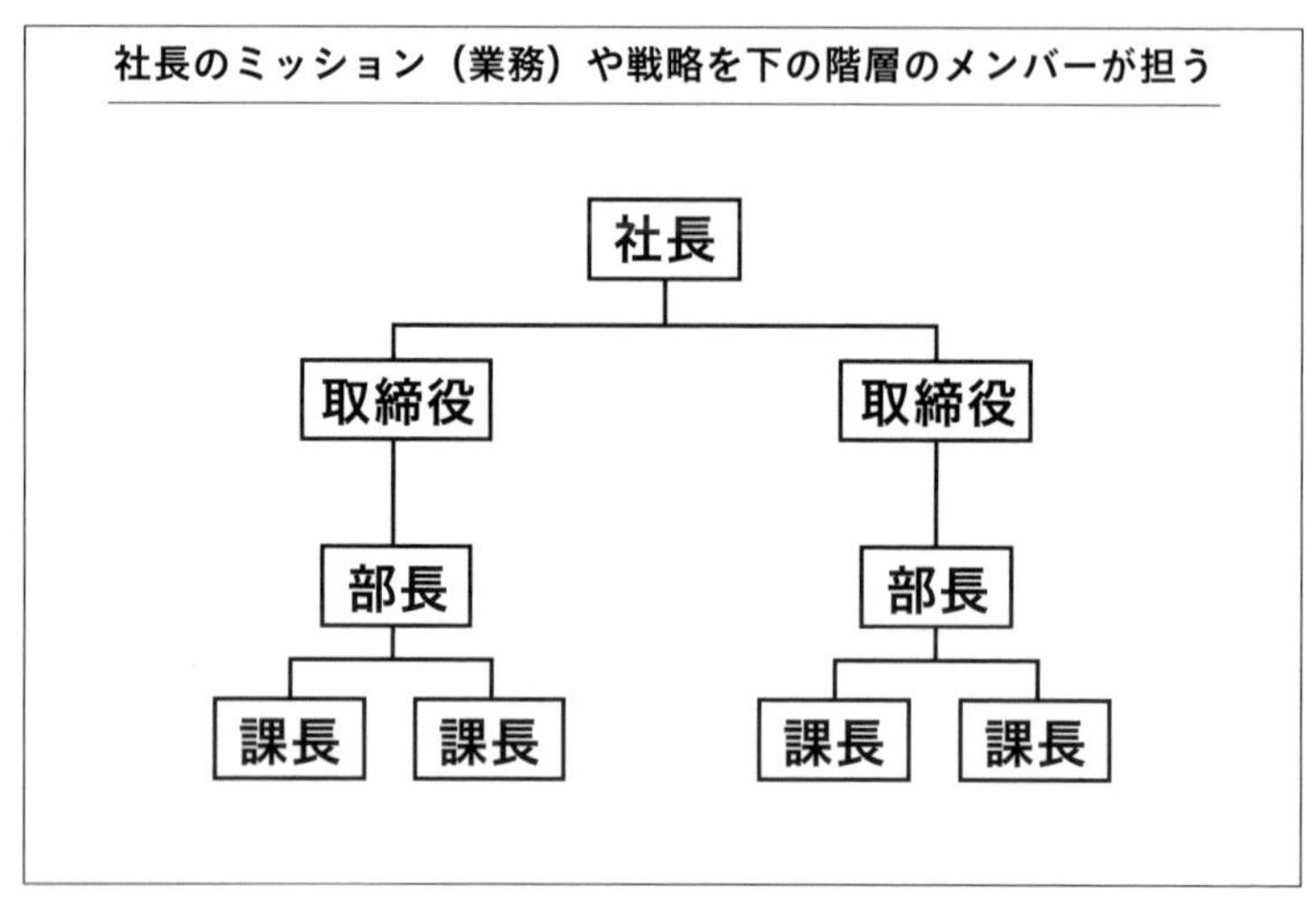

性になるのが分かるでしょう。

ということは、あなたの「未来の仕事」を想像するには、このケースでは、最大3種類の情報が入手できます。それは、課長の戦略についての資料、同じく部長の戦略資料、そして会社全体の戦略資料（3カ年資料など）です。

一般的に会社全体の資料や部長以上の資料は開示されているケースが少なくありません。少なくとも1つは入手できると思うのです。入手できれば、書かれている情報を2×2のマトリックスに整理します。マトリックスの1つの軸は、既存と新規、もう1つの軸は、自組織（自分の仕事）に関係する、関係しないです。

これらの資料を入手し、関係性を整理し、想像するのが有効です。

この構造さえ理解できれば、組織全体で①今やっている仕事で継続する仕事は何か、②新しく始まる仕事は何かを理解するのは簡単です。1、2度やって慣れればすぐにできるようになります。

次に、あなた自身の仕事を考えるパーツです。自組織（自分の仕事）に関係する仕事のうち、「新規」に書かれている内容に着目します。この中で、自分が興味ある内容をピックアップするのです。単純に興味関心でも良いですし、**数年後のキャリアをイメージして、それに関係する仕事を選んでも良いでしょう。**あなたがやりたいと思うミッションを選ぶのです。これが、②新しく始まる仕事の候補です。

そして、次は、自組織（自分の仕事）に関係する仕事のうち、「既存」に書かれている内容に着目します。②で新しく始める仕事をするためには、この**①今やっている仕事で何かを止めるか、生産性を高める必要があります。**それを検討するのです。

これらを通じて、「未来の仕事」が出来上がります。これを原案として上司と相談し、「未来の仕事」を具体的な自分の仕事にするのです。

上司からＯＫをもらえれば、自ら考えた「未来の仕事」を来期から実施できるわけです。まさに**自分で考えて、行動する自律自転の第一歩となります。**

この「未来の仕事」を作ることには、２つの大きなメリットがあります。

①自分がやりたい仕事を選んでいるので、成果が出やすい

②新しい期が始まる前にミッションが決まっているので、より早い段階からPre（事前準備）ができる→成果が出やすい

私は30歳過ぎから、自分の「未来の仕事」を作り続け、上司と確認し、自分のミッションを自分で設定していました。

たとえば、私の上司が首都圏の事業部長から、東名阪３エリア担当の執行役員に任用されたときのことです。上司の資料を読むと、東名阪の業務の標準化がテーマとしてありました。そこで**私が担っていたマーケティングの仕組みを首都圏だけではなく、他２エリアに展開することで、上司の支援ができるのではと考え、提案しました。**

その結果、私は関西や東海を兼務することになり、マーケティング業務の標準化を進める一方で、関西や東海の仕事の進め方を学ぶことができました。

もう１つあります。リクルートの社長が代わったときに、新社長は、現場の意見を集めるために「提言論文」を10年ぶりに復活させました。社長の方針を読むと、管理会計の仕組みを刷新したいとありました。子会社に出向していた私は、リクルート単独ではなく、子会社も含めたグループ全体での管理会計の仕組みを提言論文にまとめました。

論文が認められ、私は本社の管理会計プロジェクトに異動になり、1年間この要件定義を行いました。この異動のおかげで、経営陣や本社スタッフとのネットワークもできました。

もちろん両方とも初めてのことだったので大変なこともありました。しかし、先述の①、②のおかげもあり安定的に業績達成し続けられたのです。

「未来の仕事」を作ることのメリットは、メンバーだけではなく上司にもあるのです。上司にとっても、メンバーの仕事を作成するのって大変なのです。部下の仕事のアサイン（割り振り）は上司の仕事なのですが、手間がかかるのです。特に新しい業務を誰に担当してもらうのかはかなり悩みます。メンバー自ら手を挙げてくれれば、本当に助かるのです。

この「未来の仕事」を組織だって実施する方法がOKR（Objective and Key Results）です。数年後のキャリアイメージを描き、どのように能力開発（新しい仕事に取り組みスキル取得）するのかを全メンバーで実施するのです。
あるいは、リクルートがやっているWCMシートなども、組織で「未来の仕事」を作る方法の1つです。このような仕組みが入っている場合は、それに則れば良いのです。

しかし、大半の会社は、いわゆる一般のMBO（目標管理制度）、あるいは組織だった仕組みがない会社もあります。そのような場合、先述の「未来の仕事」を作る手順で実施してください。「未来の仕事」を作り続けると、それに伴い成果が出ます。きっと社内でも評価されるでしょう。その結果、組織を任されるようになるかもしれません。その際は、**自らの組織で、メンバーに「未来の仕事」を作らせるような仕組みを作ってください**。メンバーにとっても成果を出せる可能性が高まり、上司であるあなたも楽ができ、組織全体で成果が出るようになります。

爆伸びポイント

自分で「自分の仕事」を決めるには、まず会社の戦略→部長の戦略→課長の戦略の資料を入手する。そして、上司があなたの来期の仕事を決める前に、先にあなたが「未来の仕事」の原案を作り、上司に提案しよう。

未来の組織図をつくろう

たくさんの業務を担当しているにもかかわらず、効率よく進めているチームや個人がいる一方で、そこまでの業務量でもなく、しかも難易度が高いわけでもないのに、ドタバタと仕事をしているチームや個人がいます。この両者の違いを生み出すのが、これから紹介するPM（Project Management：仕事の段取り）です。

段取りの良いチームには2つの特徴があります。1つは本章でここまで述べた「PE：人の段取り」をしていること。そしてもう1つが、ここから説明する「未来に備えている」こと。「未来に備えている」とは、「現在の仕事やプロジェクトで起こりそうなことに手を打っていること」と「自分の組織の未来に手を打っていること」の2つの意味があります。

まずは、**自分の属している組織の未来の形を作ってみませんか**、という話からです。

■ 組織拡大を見据えて先回りして動く

会社に組織図ってありますよね。人事部門が作成するものですね。会社全体の組織図があり、部門別の組織図があります。「未来の組織図」は、たとえば1年半後の組織図のことです。

これは、経営者はもちろん、組織を担当する管理職やリーダーには必須のスキルです。そしてメンバーが「未来の組織図」を作る場合は、将来自分自身が管理職や経営者になった際の予行演習になります。

「未来の組織図」を作ると、いつまでに組織のどこを強化しなければいけないか把握できます。

たとえば、「来期の売上を2割増加させる」という事業計画があるとしましょう。

そのために営業担当を増やす計画になっています。現在、営業が50名、営業マネジャーが10名います。2割売上を増やすので、営業1人あたりの売上が同じならば、営業マネジャー2名が新たに必要だということが分かりました（10×0・2＝2名）。

あるいは、資金調達を行い、集客に投資するという選択肢があります。すると今までとレベルが違う戦略が必要です。たとえば、資金調達が実現した後には、集客強化のためにマーケティングの責任者を1名調達しなければならない、という具合です。

一般的に調達（採用、育成）するには、採用するにしても、育成するにしても時間がかかります。急に必要になっても対応ができません。

そこで**未来の組織図**です。未来ですから「備える時間」があるのです。

あなたが組織の責任者であれば、採用や育成の時間があります。あなたがメンバーで、新たに必要なポジションに興味があれば、いち早く名乗りを挙げて、力をつける時間があるのです。つまり、どの立場であっても「未来に備える」時間があるのです。

■ 未来が見えると自発的に動いてくれる

この「未来の組織図」、具体的にはどうやって作るのでしょう。

3カ月後、半年後の組織図は、今の延長線上で作ることができるかもしれませんが、1年後、

1年半後、2年後の組織図となると、自組織の情報だけでは不確定要素が多すぎて作ることができません。

そこで、次の情報が役立ちます。

①組織全体のメンバー数
②組織をどのように「小組織」に分割するのか
③何人のマネジャーや特定のプロフェッショナルが必要なのか

さらに、これらを確定する際に、次の情報があると正確さが高まります。

1）組織方針、戦略
2）組織売上、利益規模、内訳
3）そのときの組織の生産性

上位組織、あるいは未来の情報の質が高いほど、「未来の組織図」は作りやすくなります。

たとえば、自組織だけではなく、会社全体の方針や戦略などを確認すると良いでしょう。自社のMVV（ミッション・ビジョン・バリュー）はもちろん、**3カ年事業計画や、経営者の年頭所感などの情報も有効です。**企業の方針や向かうべき戦略と、その際に自組織の担う機能などを加味して、未来の組織図の正確さを高めます。

常日頃、これらの情報を読む機会はそんなにないかもしれませんが、これらを読み、未来の組織図を作る作業を通じてみると、視野視点が高まるのが分かると思います。

もちろん完ぺきな未来の組織図を作ることはできませんが、仮説を立てることで、未来の組織図を作ることはできるのです。

私自身は、リクルート時代、1年半後の組織図を作り続けていました。作り続けるとは、3カ月ごとに、そこから1年半後の組織図を新たに作り続けていたのです。

なぜ1年半後だったのか？

組織を急拡大させていたので、それに合わせて多くの管理職が求められていたからです。当時の私の組織は1組織10名が1つの単位でした。つまり10名増員するためには1人の管理職が必要になるという計算です。

新たな管理職を調達するには、採用と育成という方法があります。このときは急速に組織拡大していたので、内部育成だけでは間に合いません。つまり採用＋育成が必要でした。採用するのに3カ月から半年かかりました。加えて私たちが管理職を育成するのに9カ月かかっていたのです。だから1年半の組織図を常に更新し続ける必要があったのです。

常に**1年半後に何人の管理職が新たに必要なのか。現在候補が何人いて、新たに何人採用＋育成が必要なのかを把握していた**のです。

中尾塾に参加しているある経営者も、この未来の組織図を作成し、社員に共有したそうです。そこには、1年後には「マネジャー」ポジションが1つ必要になると書いてありました。するとあるメンバーがその経営者との1on1で、「私がそのマネジャーをやります」と立候補してくれたのです。

このような自発的な行動（まさに自律自転）は、経営者にとって、とても嬉しいことです。

さらに嬉しいことが起きました。そのメンバーの発言・行動が変わったのです。まだマネジャーになっていないのに、「マネジャー」の視野視点で発言をしだしたのです。従来から問題点の指摘はできるメンバーでした。しかし、マネジャーになる自覚ができると、どうやってその問題を解決するのかを考え、発言し、そして具体的に行動しだしたのです。

「未来の組織図」を作ると、チームメンバーの意識も、1年半先を考えた中期的なものになるのです。

爆伸びポイント

未来の組織図（たとえば1年半後の組織図）を作ることで、メンバーは視野視点が高まり、組織としては、必要な人材が分かるので、調達・育成の計画を立てることができる。

未来に備える②

人材育成はＲＯＩが高い

新たなポジションが必要になった場合の選択肢は、採用と育成、もしくは前述したようにこの組み合わせです。

即戦力を採用したいという声があります。中尾塾の経営者でもよく挙がる声です。リクルート時代でもよく話題に上がりました。

しかし、即戦力が採用できるケースは稀です。難しい理由は2つあります。1つは、そのような人はどこでも求められるので、採用が困難だということです。

そして、もう1つの理由がより重要です。それは、同じ職種でも、会社ごとにやっている仕事内容が異なるということです。

だから組織を超えて即戦力になりにくいのです。

比較的やっていることが似たように見えるエンジニアでも、使うツールやルールが異なると、短期間では能力を発揮しづらいのです。特に日本企業はその傾向が少なくありません。その結果、それに慣れるまで実力を発揮できないのです。

営業や事務系の仕事では、尚更です。諸外国では、職種別の組合があり、業務を標準化している国もあります。また、大学で仕事の仕方や専門性が学べることもあり、会社を超えて能力を発揮できる可能性があるのです。

ところが日本はそうではありません。つまり**即戦力採用は、かなり実現性が低い**のです。

もちろん、必要なポジションがあるときに、すぐに必要な人材が調達できるのは素晴らしいです。そして同時に必要でなくなった人材には辞めてもらうのも重要です。

急成長しているNetflixは、これらを実現するために社内に人材紹介会社を作り、必要な人をできるだけ早く、そして不要になった人もきちんと次のキャリアを見つけられるようにしています。

では、このような対応をしていない会社は、どうすれば良いのでしょうか。

その1つの回答が人材育成です。自社の業務に対して必要なスキルを短時間に習得できる人材育成方法（オンボーディング）を持つことです。

リクルート内でも、人が価値の源泉である事業にはすべて、この人材育成の仕組みがありました。即戦力の採用競争は熾烈です。そこを少しずらして、**学ぶ意欲が高い人たちを採用するのです。そして、彼らを育成する**のです。これが人材調達の競争力になるのです。

■「現場の業務」を人材育成につなげるには

人材育成というと研修（Off-JT）が思い浮かぶかもしれません。しかし一般的には、研修は対象が限られていて、効果が不明確な場合も少なくありません。

私は、**日々の業務に関連して現場で育成するＯＪＴにこそ、解決の糸口があると感じています。**

ただ、ＯＪＴというと新人や若手を対象とした現場丸投げの手法だというのが現状です。

しかし、ここ数年、有効なＯＪＴ手法として、１on１（ワンオンワン）が注目を浴びています。きちんと実行できれば極めて有効な手法です。あるいは、１on１で起きがちな問題点を補ってくれるＧＣ（グループコーチング）なども有効な手法の１つです。

ですので、先述したように1年半後の組織図を作り、そこで必要な人材を、採用＋育成の組み合わせで調達すればよいのです。ＧＣについては、第3章で触れます。

また、**人材育成が実現できると離職率が下がる可能性も高まります。**人が退職する理由は複雑です。ただ、職場の影響が最も高いのです。

そして、働く個人側の問題としてのキーワードは「成長」と「貢献」です。**自分が成長できていて、組織に貢献できていると思っている人の離職率は低いのです。**つまり、人材育成がうまくいくと、人は成長し、組織に貢献できます。その結果、入社後の即戦力化と低離職率の両方に効くのです。

これらより、人材育成は、ＲＯＩ（投資対効果）が高いと考えています。

爆伸びポイント

日本企業において「人材育成」はＲＯＩ（投資対効果）が高い。即戦力化に加えて、離職率低減にも寄与する。

「体制図」で役割を明確にする

「未来の組織図」や「人材育成」は、未来に備えるためのPre（事前準備）です。ここからは、目の前にある「今の仕事で成果を出す」ためのスキルについて述べていきます。

まずは、仕事を始めるときに、**Goal、体制図、航海図の「3点セット」を確認しましょう。**

正式にプロジェクト・マネジメントの進め方を学んで、実践している方には当たり前の話です。読み飛ばしていただいてもOKです。

しかし、30年以上仕事をしてきて、我流のプロジェクト・マネジメントをしている人が多くて、驚いています。自信のない方は、ぜひ確認してください。

この3点セットは、**私が社長をしていたリクルートテクノロジーズで実践されていた方法です。**

私が赴任した当時、同社はリクルートグループ内で規模が大きく、難易度の高いプロジェクトを担当していました。

同社は私が担当した3年間を含めて、その前の少なくとも2年ほど前から**合計5年以上、大規模プロジェクトでQCD（品質、コスト、納期）を守って納品し続けていた**のです。

一般的に、システム開発の過半数は、品質、コスト、納期のどれかに破綻があると言われています。そのような業界の常識の中で、大規模かつ難易度の高いプロジェクトでQCDを守って納品し続けていたという実績は、素晴らしいのです。

同社の大きな成功要因は、**プロジェクト検討時に、「Goal」「体制図」「航海図」の3点セットがないものは、プロジェクト認定せず、議論もしなかったこと**です。**限られたリソースを意味のない「プロジェクトもどき」の検討に使うのは無駄だ**という割り切りと、この3点セットがあれば、事前にある程度、難易度などが把握できるということが理由なのです。

3点セットがあると、達成したい「Goal」のQCDのバランスが悪いことなどが簡単に把握できます。たとえば、高い品質を求めているのに、少ないコストと短納期でやろうとしている。しかもコストや納期のバッファー（余裕）がほとんどない。しかもそれを実現しようとする「体制」を確認すると、PM（プロジェクト・マネージャー）の力量や経験が合っていない。さらに「航海図」を見ると、業務の因果関係の確認が甘く、前述の納期のバッファーがないことなども把握できるのです。

すでに「Goal」については何度も触れているので、残りの「体制図」と「航海図」について説明しましょう。

■ 体制図でチェックしておきたいのは、この3点

プロジェクトは、オーケストラにたとえられます。

PO：プロジェクト・オーナー（発注者）は、オーケストラを招聘するプロデューサーの役割。この興行全体の責任者です。

PM：プロジェクト・マネージャー（現場責任者）は、指揮者です。

PMO：プロジェクト・マネジメント・オフィス（現場責任者補佐）は、コンマス。※

PL：プロジェクト・リーダー（パートの責任者）は、楽器ごとのリーダー。

※コンサートマスター：オーケストラの奏者を統率して、指揮者の意図を音楽として実現する役割で、いわば第2の指揮者。

M：プロジェクト・メンバーは、演奏者という関係です。

「体制図」とは、PO、PM、PMO、PL、Mを記載した図のことです（次々頁に載せています）。プロジェクトの規模が小さい場合は、PMOがいないケースもあります。POとPMが同一人物の場合もあります。ただし、どんなプロジェクトでも共通する重要なことがいくつかあります。

最も大事なことはPOとPMは1人であることです。POがやりたいことを実現するのがプロジェクトです。複数の人の要望を聞かないといけないプロジェクトは破綻しがちです。どうしても複数いる場合は、誰の意見を最終的に聞けばよいのか1人を確定しておきます。PM、つまりオーケストラの指揮者は当然1人です。

これらを明確にしない、ましてや体制図を作らないと、プロジェクト参加者が自分の役割を勘違いして、好き勝手に動くことがあるのです。

体制図を作った際にチェックするポイントが3点あります。

1つめは、Goalについてです。Goalは、POが決めることであり、PMは、プロジェクト発足時にPOと確認する必要があります。

PO以外の人は、Goalを決めることはできません。誰がPOなのかを不明確にしていることが、後々揉める理由になります。驚くことに、一部上場企業でも、このPOを不明確にしているケースに出くわすことがあります。

2つめは、POとPMとの間での確認事項についてです。

それは、POはプロジェクトのゴールとQCDの優先順位を伝える責任があり、PMはそれらを確認し、プロジェクトを遂行する責任があるということです。

QCDの優先順位について、考え方を補足しておきましょう。

QCDは相反します。つまり3つ同時に成立するのは困難だということです。たとえば、高い品質（Q）にするには、コスト（C）は多くかかり、納期（D）は遅くなります。同じくコスト（C）を下げるには、品質（Q）を下げるか、納期（D）を遅くする必要があります。納期（D）を早くする場合も同じです。

しかし、一般的にPOには、Qは高く、Cは低く、Dは早くしたい要望があります。気持ちは分かります。私もできるならそうしたいです。しかし、何らかの明確な方法で、これら3要素が並立できれば良いのですが、そんなにうまくいくことはありません。

そこでPOとPMは、このQCDの優先順位を確認しておかなければなりません。これは、決断

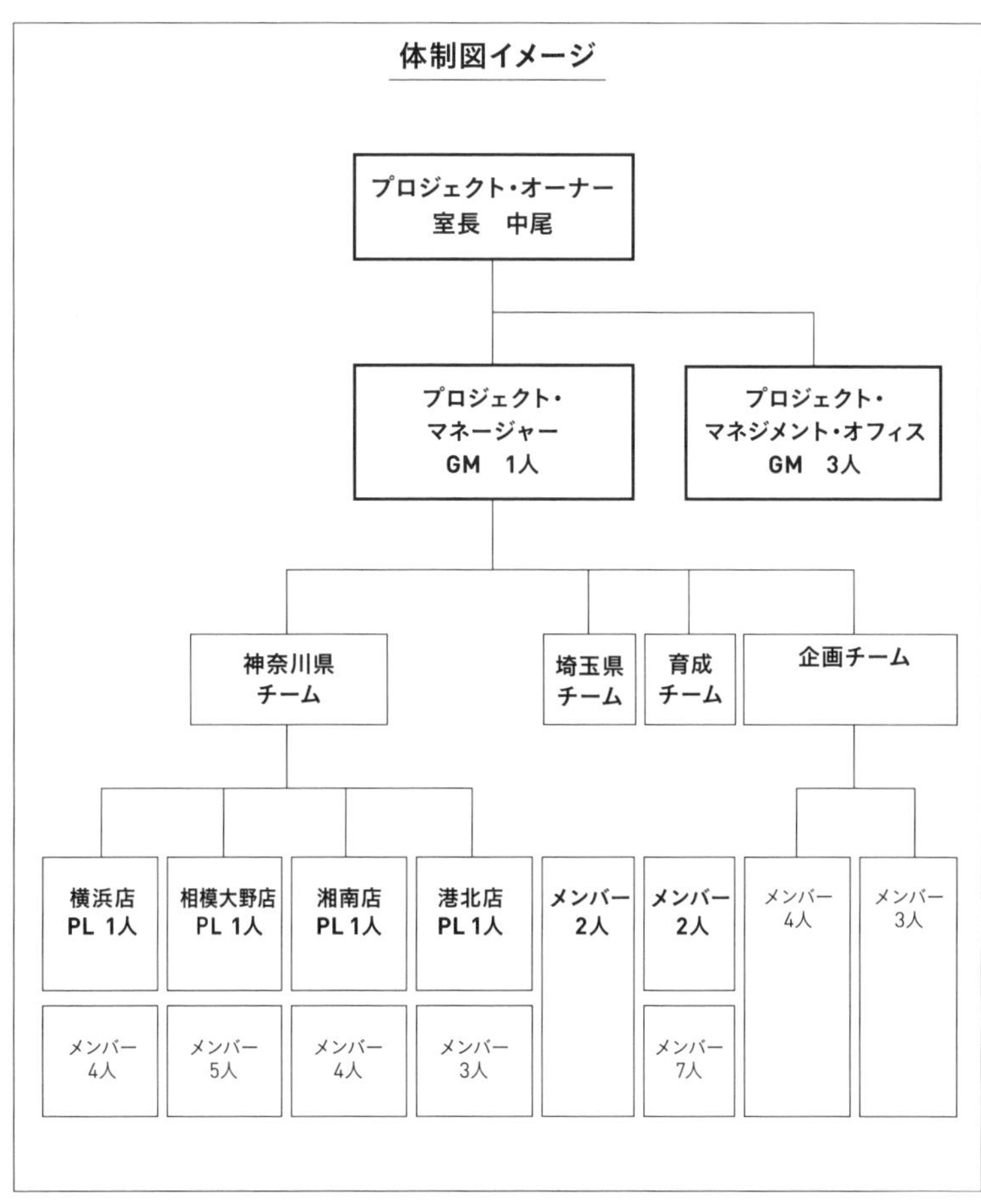
体制図イメージ
プロジェクト・オーナー
室長　中尾
プロジェクト・
マネージャー
GM　1人
プロジェクト・
マネジメント・オフィス
GM　3人
神奈川県
チーム
埼玉県
チーム
育成
チーム
企画チーム
横浜店
PL 1人
相模大野店
PL 1人
湘南店
PL 1人
港北店
PL 1人
メンバー
2人
メンバー
2人
メンバー
4人
メンバー
3人
メンバー
4人
メンバー
5人
メンバー
4人
メンバー
3人
メンバー
7人

の問題であり、プロジェクトが開始する前に決まっているべきものです。遅くともプロジェクトをストップできるタイミングで決める必要があります。

一般的には、コストや納期に何らかの制約条件があることがあります。予算や納期は、数値化されるので分かりやすいでしょう。

悩ましいのがQ（品質）です。目に見えない、あるいは数字にできないケースもあるからです。そこで、システム開発などでも、疑似的に品質や生産性、欠陥の度合いやユーザーの利用する頻度や時間などを数字で表すことで、Qの見える化をしています。

そもそも日本企業では、不思議なことに、どのような場合であっても必ず、品質（Q）の優先順位を高くしないといけないと勘違いしている人たちが少なくありません。そのために多くのC（金）をかけ、場合によってはさらにD（納期）を遅らせてしまうのです。

これが日本企業の強い側面でもあるのですが、反作用として日本のホワイトカラーの生産性の低さの原因にもなっています。

3つめは、前述通りPMは1人だということです。

これも、基本的な話ですが、PMに複数人の名前を入れているケースがあります。これも失敗の原因になることがよくあります。

想像してください。オーケストラの指揮者が複数いて、演奏がうまくいくわけがありません。指揮者が複数いたら、演奏者は誰の指揮に従えば良いのか分からなくなります。現場での判断は、全てPMが行うのです。PMは1人なのです。

体制図を作ると、不足している人員も分かります。確定しないメンバーについては、TBD（To Be Determined：未定）と記載しておきます。すると、どのポジションの人材が不足しているのかを、POとPM、そしてプロジェクトに関係する全メンバーで共通認識が可能です。

爆伸びポイント

ゴールは、PO（プロジェクト・オーナー）が決める。

POとPM（プロジェクト・マネジャー）はゴールの確認とQCDの優先順位を確認する。

POもPMも1人。

今の仕事で成果を出す②

「航海図」で因果関係を明確にする

航海図は、スケジュールを明確にするためのものです。これもやっていると思う人が多いかもしれません。

ただし、スケジュールは、スケジュールそのものを作るのが目的ではなく、**「因果関係」**を明確にすることが目的です。因果関係とは、「AをやるためにはBが必要で、そのBをやるためにはCが必要だ」という関係性のことです。

たとえば、先日ある不動産会社との打ち合わせで、年度末にある数値目標を達成したいという相談がありました。

同社は、人が接客してマッチングする従来の不動産ビジネスのプロセスの大半を「オンラインとAI」を活用することでスピードアップとコスト削減ができるのでは、という仮説を持っていました。

Goalは、「1年後の3月に月間10件の成約を実現する」でした。現在の成約が月間2件程度ですので、決して簡単ではありません。

現状、**STEP1として、商談からの成約率を10％程度から25％程度に向上させる施策を計画しています。**

STEP2として、集客を増やす施策を計画しています。

しかし、まだ時間が1年あるので、プロジェクト・マネジャーは、ゆっくり検討できると勘違いしているように見えました。

そこで、STEP1、STEP2にどれくらいの時間があるのかを明確にするために航海図、つまりスケジュールを「見える化」したのです。

このビジネスは、不動産を紹介するビジネスです。商談に半年程度かかることが分かっています。つまり、3月の半年前の10月には、（商談からの成約率が25％なので）40件の商談が必要だということが分かります。また、集客を増やす施策（STEP2）を具体化するには、過去の実績から考えると3カ月程度の試行錯誤が必要だと分かっています。つまり、10月に商談40件という実績を出すためには7月〜9月（3カ月間）に集客増加施策を実行していることが必要になり

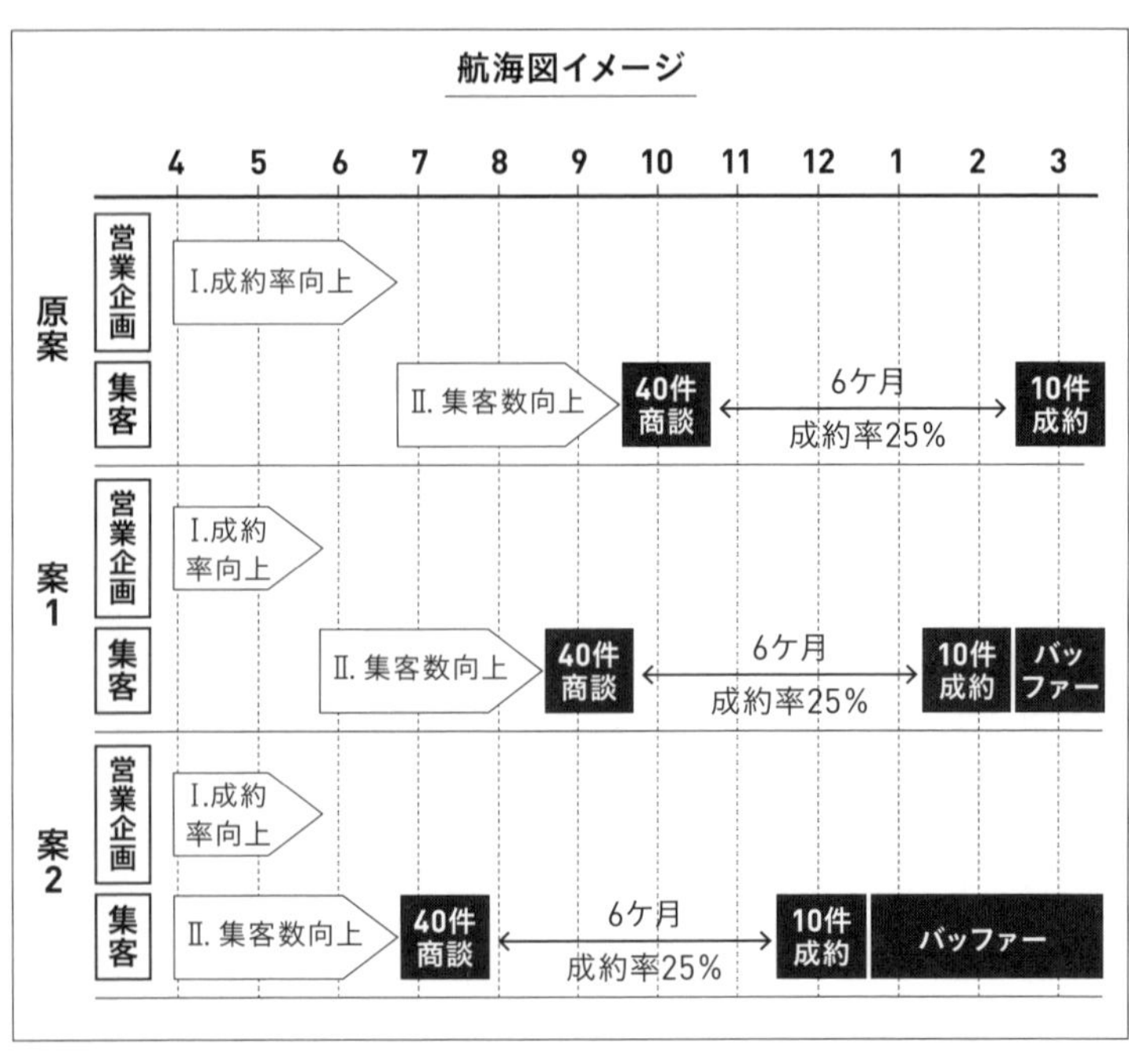

ます。

そう考えると、STEP1の成約率向上の試行錯誤に残されている時間も4～6月の3カ月しかないことが分かります。つまりSTEP1を6月までの3カ月間。STEP2を9月までの3カ月間で予定通り実行できて、初めて翌年の3月に成約10件が実現できる可能性があるということです（以上、図の「原案」）。

しかも、このスケジュールでは、何か不測の事態が起きて、スケジュールが遅れた場合に対応するバッファーがありません。

バッファーを持つには、STEP1

を2カ月程度で実施し、プロジェクト全体でバッファーを持たせたいということが分かります（図の「案1」）。

あるいは、STEP1とSTEP2を並行実施し、バッファーをさらに増やすことも可能です（図の「案2」）。しかし、STEP1で成約率が向上する前に、STEP2の集客増にコストを使うことになります。当然成約率が低いので、集客コストを無駄に使うことになりかねません。できれば避けたいものです。

航海図を作成し、因果関係を見える化し、残された時間を把握できたことで、PMも意識が変わりました。従来の1カ月に1回の報告を、社内で毎週進捗を共有するという形になったようです。

爆伸びポイント

航海図はスケジュール管理のためだけではなく、重要なタスク間の因果関係を「見える化」し、バッファーが十分かどうか確認するためのもの。

WCMをつなぐ

リクルートには、WCM（Will-Can-Must）という考え方があります。**リーダーは、メンバーのWill（やりたいこと）とCan（できること）を把握して、会社が求めるMust（やらなければいけないこと）をつなぐという考え方**です。

人はやりたいことをやるときに成果を出す。つまり、WillとMustをつなぐことが重要だと考えているのです。

また、人はできることが増えるのは嬉しい。そしてできるようになると、それがやりたいことになる。つまりCanがWillに変わる考え方でもあります。

このWCMは、汎用性が比較的あります。

これを踏まえて、あなたが組織のリーダーだとして、メンバーに仕事を割り振る際に有効なツールを3つ紹介したいと思います。

①MAT：業務（ミッション）と担当者の割り振りを考えるツール：WとCをMとつなぐ
②30MR：担当業務を担当がどの程度できるか確認するツール：Cを確認する
③9BOX：上司の関与の仕方を確認するツール：WCでMをつないだ後のモニタリング

これを活用して、Pre（事前準備）でメンバーの仕事の割り振りができれば、PM（仕事の段取り）としては完璧です。それぞれのポイントを説明しましょう。

①MAT：業務を誰に割り振るかの原案を考えるツール

MAT（Mission Assignment Tool）は、私が考案したツールで、頭文字を取って、マットと呼んでいます。ここでの〝Mission〟とは、メンバーが担当する業務、前述したWCMシートでの会社から与えられた仕事であるMust（やらなければいけないこと）を指します。

MATは、**組織の業務（ミッション）設計をするためのツール**です。業務設計というと難しそうですが、エクセルやスプレッドシートで作るシンプルな表です。シンプルなのに活用しやすいパワフルなツールなのです。

具体的なMATの作成方法は、次の3ステップです。

①表側（一番左側の縦の列）に主要業務を記載します。
②表頭（一番上側の横の列）にチームメンバーの名前を記載します。
③業務とチームメンバーの交点に、業務シェア（※）を記載します。メンバーの顔を思い浮かべてWill（やりたいこと）とCan（できること）を意識しながら誰に担当してもらうのかをイメージしながら作成します。

「この業務をチャレンジしてもらおう」など、少し背伸びしないと実現できない業務を与えるのが重要です。前述した、メンバーの「未来の仕事」の要望が把握できていると、そこで彼らが何をしたいのか分かっているので参考にできます。

MATの効果1　業務ごとに必要な工数、スキルを確認し、見える化できる

MATを作成したら、業務ごとの合計工数（時間）を確認します。そして業務ごとに合計工数と必要なスキルの過不足をチェックします。それぞれの業務が、その工数で実行できるかどうか、あるいは必要なスキルがあるかどうか、つまり過不足がないかを確認します。スキルの過不足を

MATのイメージ

		統括室	経営企画			広報		総務	
		部長	課長	リーダー	メンバー	リーダー	メンバー	課長	メンバー
経営企画部ミッション	小計	A	①	②	③	④	⑤	⑥	⑦
合計	800	100	100	100	100	100	100	100	100
情報収集（社外）	5	5							
設計	60		10	20		30			
運用・振り返り	50				10	10	30		
情報収集（社内）	5	5							
設計	50		10	20		20			
運用・振り返り	50				10	10	30		
戦略立案及び実行	20	20							
戦略企画	40		30	10					
運用・振り返り	20				20				
ボード運営	30	20	10						
運用・振り返り	50		10	30	10				
企画統括部運営	20	10						10	
運用・振り返り	50			10	20		10		10
モニタリング（見える化）	30	10	20						
運用・振り返り	60				20	20	20		
総務系業務	20	20							
レイアウト変更	40							10	30
購買	40							30	10
リスク管理	40							30	10
イベント企画	40							10	30
イノベーション	80	10	10	10	10	10	10	10	10

※業務シェアは、担当するチームメンバー それぞれの工数（労働時間）全体を100%とした場合、そのミッションに何%を使う計画なのか という割合を記載します。

確認するためのツールが後述する30MRと9BOXです。

担当者に過不足があれば、可能な限り、期が始まる前に善後策を検討します。担当者の不足があった場合、MATがあると**「〇〇をするための人材が、〇〇時間分不足している」**など、明確に分かります。それをもとに、上司や人事部門に増員依頼します。求める人物が明確なので、人事も上司も求人や異動のために動きやすくなります。

過不足は可能な限りPre段階で解消しておきたいものです。しかし、実際は、ここでは解消できないケースも多いはずです。その場合は、次章のOnで解消に取り組みます。

MATの効果2　メンバー相互のミッションの難易度の公平性の確認ができる

MATでチームメンバー相互の比較や確認をします。具体的には、たとえば、同じ給与レベル（同じ職級や階級）の人同士を比較し、業務難易度に不公平感がないかを確認できます。

難易度は、「量の多さ」による難易度と「新規性や複雑性など質の高さ」による難易度の2つの観点でチェックします。

また、兼務など自部署以外の仕事をしているケースは、自部署でかけることができる工数で設計をします。たとえば2部署兼務で、50％ずつであれば、工数を50％として見積もっておきます。

さらに、**期中に計画外の大きなミッションが発生した場合は、MATをその都度修正して、常に最新化しておきます。**

MATを作成することで、どの業務を誰が担当するかの原案ができました。

② 30MR：担当業務を担当がどの程度できるか確認するツール

30MRは、30Minutes Reviewの略です。担当する人が業務のダンドリをどう考えているのかを30分で評価（Review）する方法です。これによりスキルの過不足が分かります。手順は次の3ステップです。

① 上司は、30分程度で業務内容について説明をします。
② 担当する人は、上司からの説明後、30分程度でその進め方（段取り）を考えます。
③ その後、担当する人は、考えた段取りを上司に説明し、30分で合意を得ます。合意が得られない場合は、合意が得られるまで②～③を繰り返します。

上司は30分でミッションを説明し、担当する人は30分間で進め方を考えて、その後2人で30分かけて段取りを確認するということです。

業務がうまくいかない場合の大半は、段取り、つまりPre（事前準備）の段階で失敗しています。業務を伝えた直後にプロセス設計を確認しておくことで、失敗を予防するのがねらいです。

この方法は、ある戦略コンサル会社の社長が実際にしているもので、私も活用しています。

ちなみに相手が新人などで経験が浅い場合は、30分でミッションを説明し、翌日に30分のミーティングを設定するなど、3のステップまでの時間を調整することも可能です。

これで、上司が与えた業務について担当者がどの程度できそうなのか把握できました。

最後は、上司の関与の仕方を確認します。

③　9BOX：上司の関与の仕方を確認するツール

上司と部下のマネジメントスタイル（上司の関与の仕方）は「委任」「援助」「コーチ」「指示」の4種類あります。

最も大事なのは、**業務単位でマネジメントスタイルを使い分けるということです。**

大半の人が勘違いしているのは、「業務単位」ではなく、「人単位」でマネジメントスタイルを変えるのだと考えていることです。たとえば、この人はベテランだから「委任」、この人は新人だから「指示」としているのです。

しかし、ベテラン社員でも初めて取り組む業務は、上司のアドバイスが必要です。逆に新人でも学生時代に経験した業務であれば、必ずしも「指示」でなくても大丈夫です。

それを判別するためのツールが9BOX(ナインボックス)です。

私は、スタッフ部門、接客部門、IT部門、研究部門と様々な部門でマネジメントをしてきました。自分にとっては専門外のミッションで、メンバーのほうがスキルを持っていること、自分の専門分野ではあるものの、上司の自分も部下もともに初めて取り組むようなミッションもありました。その中で15年以上にわたって、これから述べるステップを実践してきました。

どの組織でもフィットしましたので、広範囲に活用が可能だと思います。部下との具体的なマネジメントに悩んでいる方の参考にもなります。

9BOXは、モチベーションとスキルの2軸のマトリックスです。横軸にモチベーション(やる気)を高中低で3分割し、縦軸にスキル(スキル、コンピタンス、能力)を高中低で3分割し、合計で9分割された図を準備します。9つの象限=箱(BOX)なので9BOXと呼んでいます。

この図を使って、上司とメンバーが、業務ごとに9BOXのどこに当てはまるのか確認するのです。

使い方はカンタン。たとえば、メンバーが担当する主要業務について、上司とメンバーそれぞれが、9BOXのどこに該当するのか事前に考え、持ち寄ります。

そして、上司、メンバーが同時に9BOXの該当するBOXを指で示します。上司とメンバーが同じBOXを指させば、ミッションに対する認識が同じであることが分かります。BOXが異なる場合は、認識の差を確認し、すり合わせていきます。

すり合わせる際に、一般的には、モチベーションの軸はメンバー本人の意見を、必要なスキルの軸は上司の意見を優先すると合意がとりやすいと思います。特にスキル軸については前述した30MRで、該当業務に対してできるかどうかがおおよそ分かっているので、それを参考すれば良いわけです。

■ 過不足のない最適な任せ方とは

合意した9BOXにより、適切なマネジメントスタイルが次のように分かります。

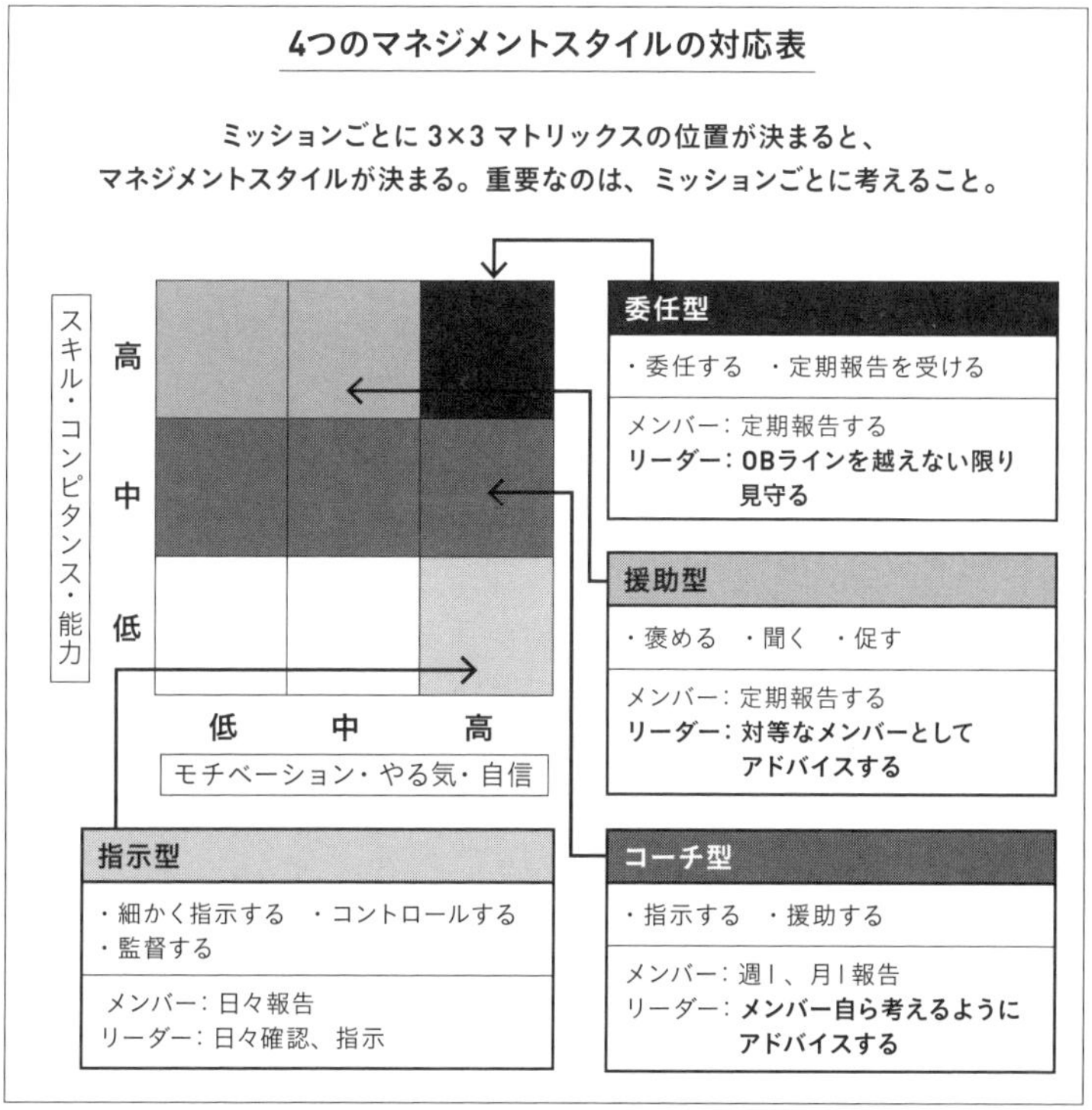

4つのマネジメントスタイルの対応表

ミッションごとに3×3マトリックスの位置が決まると、
マネジメントスタイルが決まる。重要なのは、ミッションごとに考えること。

スキル・コンピタンス・能力：高／中／低
モチベーション・やる気・自信：低／中／高

委任型
・委任する　・定期報告を受ける
メンバー：定期報告する
リーダー：**OBラインを越えない限り見守る**

援助型
・褒める　・聞く　・促す
メンバー：定期報告する
リーダー：**対等なメンバーとしてアドバイスする**

コーチ型
・指示する　・援助する
メンバー：週1、月1報告
リーダー：**メンバー自ら考えるようにアドバイスする**

指示型
・細かく指示する　・コントロールする
・監督する
メンバー：日々報告
リーダー：日々確認、指示

やる気を示す横軸が「高」で、その実行に必要な能力を示す縦軸が「低」の場合、**「指示」**。

実行に必要な能力を示す縦軸が「中」であれば、横軸にかかわらず**「コーチ」**。

縦軸が「高」で横軸は「低」「中」の場合は、**「援助」**が望ましいのです。

両軸とも「高」を示す場合、つまり本人にやる気もあり、必要な能力・経験も持っている場合は**「委任」**が最適です。

ちなみに「委任したのに、期待通りではなかった」というリスクを未然に防ぐための予防策が前述の30ＭＲでもあります。「委任した業務をどのような段取りでやろうとしているか」を前もって確認することで、力量を測ることができるからです。

もちろん委任する前に30ＭＲをし、良いと思ったのに成果を出してくれないケースもあります。その場合は、そのメンバーにどうしようとしているのかを確認すると良いでしょう。そこで前向きな発言ができれば、まだ任せることもあります。環境や外部を理由にする場合は、マネジメントスタイルをコーチや援助、あるいは指示に変更します。それで無理な場合は、担当変更も考えると良いでしょう。

「委任」の場合、上司は事前にゴールとOBライン（やってはいけないこと）を明確にし、それ以外は見守ることがポイントです。

「委任」の際に誤解が多いのは、委任する側が丸投げしてしまうこと。また委任される側も、委任されたのだからと一切報告をしないで手前勝手にできるという誤解です。

これらのコミュニケーションの齟齬（そご）により、後々問題が起きることが散見されます。

では、正しい委任は、どうすればよいでしょうか。

委任する側は、①ゲームのルール（やって欲しいこと）、②ＯＢ（やってはいけないこと）、③報告内容、手法、頻度をすり合わせます。

たとえば、委任をゴルフにたとえると、穴にボールを入れる打数を最小にするのがゲームで勝つルールです。そして、OBラインを超えてはいけないなど、やってはいけないことがあります。加えて、ゲームボードを見れば、いつでも状況を把握することができます。これが報告の決まりごとです。そして、委任される側も、きちんと報告をすれば良いのです。そうすればコミュニケーションの齟齬は起きません。

創業家から社長を依頼、つまり新社長として権限委譲された方に、このあたりのことを伺ったことがあります。新社長は、創業家からかなり自由に経営を任されています。実際、会社を大きく業態変更させ、業績も大幅に向上させています。

しかし、創業家への報告も怠っていません。毎日10分でも創業家の前社長と直接話をしているそうです。毎日です。毎日コミュニケーションを行うことで、創業家から疑念が起きないようにしているのです。1日、たった10分の時間で、コミュニケーションの齟齬が起きないのです。投資対効果の高い時間の使い方ですよね。

逆に別のケースでは、新社長に赴任する前に顧問という形で実質経営をしていた方がいます。この方は、顧問をされていた数カ月で過去最高の業績を挙げました。ところが、その方が創業社長への連絡を怠ったために、創業社長が疑心暗鬼になったそうです。自分より優秀な人材が新社長に就任すると、「自分が追い出されるのでは」と感じたそうです。もしかしたら、その方の能力への嫉妬だったのかもしれません。**委任された側は、定期的な報告を心がけましょう。**

ちなみに、やる気も低く、必要なスキルを持っていない一番下の左端と左から2つの場合、この業務をその部下に付与するかどうか再検討が必要になります。業務を与えても、できないことが目に見えています。問題の先延ばしになる可能性が高いのです。勇気を持って、担当を変えることを検討したほうが良いでしょう。

爆伸びポイント

MATで、どの業務（ミッション）を誰に担当してもらうかを「見える化」する。そして、メンバー間の業務の難易度、量の偏りを把握し、調整する。
30MRで、担当業務をメンバーがどのような段取りで進めるのかを把握。
9BOXで、メンバーの「担当業務ごと」のマネジメントスタイル（委任、援助、コーチ、指示）を決定する。

第3章

On

アジャイルな組織をつくる「実行・カイゼン」

「予想外」に対応しながらゴールへ向かうには

第3章は、G-POPマネジメントの3つめのOn（実行・カイゼン）についてです。

On（実行・カイゼン）のポイントは2種類。

①実行のための「持てる大きさの荷物にする」

②カイゼンのためのAgile（アジャイル：俊敏に変化し続ける）

この2つはGoal（ゴール、目的）を実現するための両輪のような位置づけです。

On（実行）とは、Pre（事前準備）で計画した内容を「予定通りに実行する」ことを指します。

つまり、**事業を運営している期間すべてに該当しますので、G-POPマネジメントの中で、時間的に一番長い部分です。**ここの巧拙で成果は大きく変わります。

※1　不確実性が高く将来の予測が困難な状況を示す造語。VUCAは「Volatility（変動性）」「Uncertainty（不確実性）」「Complexity（複雑性）」「Ambiguity（曖昧性）」の頭文字を並べたもの。

いかにPre（事前準備）が上手くできたとしても、予定通りにいかないことも少なくありません。たとえば、Pre段階では、質量ともに人が充足していた場合でも、リーダーの何らかの判断で、それをきっかけにメンバーがやる気を失う、あるいは離職するなどもあり得ます。また、期せずして主要顧客やスポンサーとの取引や協力関係がなくなるということもあります。

会社の外を見渡しても、VUCA[※1]やブラック・スワン理論[※2]の例を出すまでもなく、予想外の出来事が起き得ます。実際2020年から21年にかけて世界中に猛威を振るった新感染症など、世界中の人がブラック・スワン級の外部環境の変化を体感しました。感染症に限っても、世界がフラット化したことなどの影響で、21世紀に入ってから、その頻度は短期間化し、影響範囲は大型化しています。

これら予想外の出来事に対応しながら、Goalに向かってOnし続けないといけないのです。

そのときに重要なのが、**①実行のための「持てる大きさの荷物にする」、②カイゼンのためのAgile（俊敏に変化し続ける）**なのです。①②は関連が強く、**アジャイルに動けるためには、その人、組織に合わせて適切な荷物の大きさである**必要があるので、持っている荷物が適切なので、アジャイルに動けるとも言えるでしょう。

※2　「ありえなくて起こりえない」と思われていたことが急に生じた場合、「予測できない」、「非常に強い衝撃を与える」という理論。黒い白鳥（ブラック・スワン）が発見されたことが由来。

2つのOn(実行・カイゼン)

①実行しやすくするために

- 自分の仕事の「位置づけ」を知る
- CSFを特定する
- 持てる大きさの荷物にする
- KPIマネジメントで全体最適な組織づくり

②アジャイルな組織にする

- 4つの習慣を導入する

①チームでGC(グループコーチング)をする
②個人でG-POPシートを書く
③チームでKPTS会議をする
④事前審議をする

実行しやすくするには①

自分の仕事の「位置付け」を知る

これは、緊急度は低いのですが、重要度が高いポイントです。つまり、確認しなくても短期に問題は起きません。しかし、この習慣をつけておくと役に立ちます。

経営者は、会社全体の事業計画を分解して、従業員にミッションとして付与します。具体的には、社長が担うミッションを、たとえば技術担当役員、営業担当役員、本部担当役員の3人に分解して付与します。

それぞれの役員は、自分のミッションを分解して配下の部長に付与します。そして部長は課長に、課長はメンバーに分解したミッションを付与します。

つまり、あなたに与えられたミッションは、この社長から始まるミッションの一連の流れの中で付与されたミッションだということです。

このミッションの関係を**ミッション・ツリー**などと呼ぶことがあります。一人ひとりのミッションは大きな木の一部だということですね。

ここで伝えたいのは、**全体の中での自分のミッションの位置づけを理解することが重要だ**ということです。あなたが課長だとすると、上司である部長のミッションを確認します。そして部長が、課長である自分と他の課長に対して、部長のミッションをどのように分解して、担当させようとしているのか確認するのです。他の課長と比較することで、部長が重要なミッションをあなたに担当させようとしているのかが分かります。

部長のミッションを確認する方法としては、大別すると2つあります。

1つは、部長のミッションを直接教えてもらう方法です。部長も上司の役員からミッションを付与されているので、それを見せてもらえば良いのです。

ただ、日本の企業では相互にミッションを見せ合うのは一般的ではないかもしれません。とすると、もう1つの方法が良いでしょう。それは**部長が期初に戦略などの方針を発表する資料から類推するという方法**です。

その資料に、あなたのミッションが記載されているのであれば、類推する必要はありません。

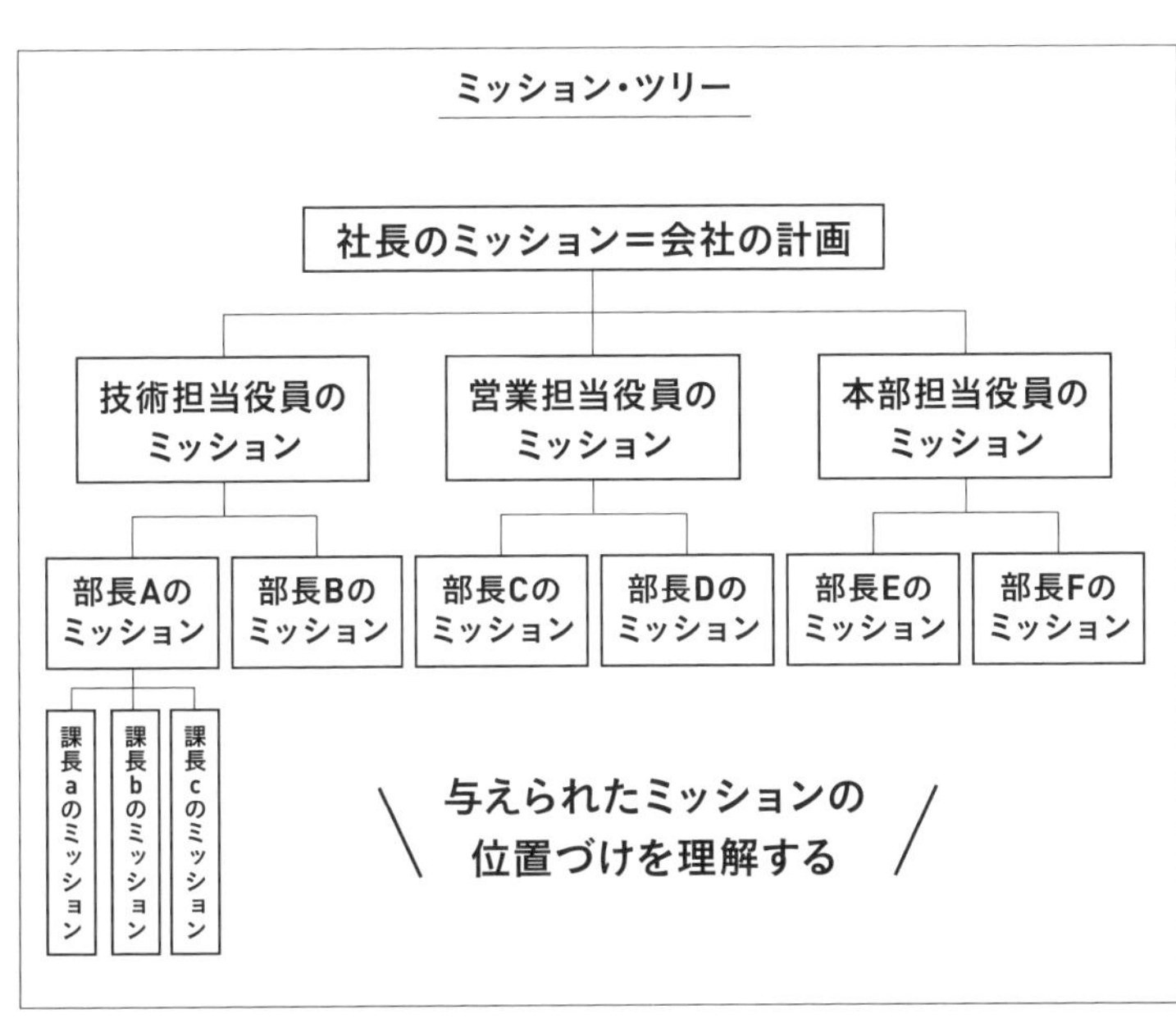

記載されていない場合には、**上司である部長に憑依（ひょうい）（その立場から考える）し、あなたにどのようなミッションを付与したか考える**のです。

もうひと手間かけられるならば、部長との面談等で、その資料をベースに質疑応答すると良いでしょう。

要望すれば、部長自身のミッションを開示してくれることも少なくありません。

リクルート時代の私の上司（執行役員）がそうでした。

我々部下は上司のミッションを知っていました。あるとき、上司の上司（常務取締役）から上司である執行役員に対して、追加で売上目標アップの指示が来ました。

我々部下は、常務の無理な追加ミッションに憤っていました。しかし、上司は、その追加売上目標アップを部下の我々に割り振らなかったのです。

せっかく部下である我々が目標達成に向けて頑張っているのに、ここで無理な追加売上目標の話をして、その勢いに水を差すのを嫌ったのです。

つまり、追加売上分の上乗せ目標を上司が被ったことになります。上司は直接顧客を担当していないので、このままだと上司はミッション未達成です。我々は、上司の判断に漢気（おとこぎ）を感じ、常日頃の上司のマネジメントに報いたいと考えました。

そこで非公式ですが、部下みんなで協力して、その追加売上目標分を割り振り、結果、追加売上目標も達成したのです。

上司と部下が相互にミッションを知っていると、このような協力態勢が生まれることもあるのです。

■ミッションの位置付けを理解すべき理由

会社は、重要戦略に対して、集中的に経営資源（人・モノ・金）を投入します。経営資源を投入することで事業計画達成の可能性が高まるからです。

一方で重要ではない戦略には経営資源を投入することはありません。

こちらも私がリクルート時代に新規事業を担当していたときの話です。担当2年間でうまく立ち上がる目途が立ちました。

その状況を取締役会でプレゼンした結果、翌年の全社の「重点注力新規事業」に選ばれました。当時のリクルートは紙メディアから第二のメディアとしてインターネットメディアへの移行のタイミングでした。そしてさらに第三のメディアを模索しており、人（コンシェルジュ、アドバイザー、コンサルタントなど）や音声といった様々なメディアが候補に挙がりました。

私が担当していた新規事業は人が情報を伝えるというもので、その流れに乗ったものでした。注力新規事業に選ばれたおかげで、**他部署から優秀な人材異動も始まりました**。追加予算もつき、全社を挙げて支援をしてくれる体制になったわけです。

あなたの**ミッションが重要戦略に紐づいているのか、そうではないかで、あなたを取り巻く環境が異なる**のです。

その状況の違いを把握しておくことで、その流れに乗って自分のミッションを実行するのか、それともその流れを知らずに実行するのか。かなり難易度が変わります。どうせならば、会社の主要戦略と合致しながら、実行したいものです。

爆伸びポイント

上司、あるいは上司の上司のミッションの中で、自分に付与されたミッションが、どのような位置づけなのかを把握しよう。主要ミッションに関連することであればあるほど、会社は投資、支援をしてくれるので、あなたのミッションが実現する確度が高まる。

CSFを特定する

では、会社はどうやって重要業務を特定しているのでしょうか？　それが分かると、自分のミッションに位置づけに役立ちます。

簡単な事例を紹介します。企業の経営者や経営企画者になったつもりで読んでみてください。

たとえばここに、「収益を拡大したい」と思っているA社があるとしましょう。

同社は、顧客の課題解決のために最適なタイミングで最適な商品を開発・市場投入することで世の中に価値を提供することをミッションとしています。

その結果、A社商品に対する顧客の満足度は高い状態を維持できています。しかし、さらなる商品開発の原資を獲得するために事業戦略として収益改善を目指しています。

この場合、収益を上げるためにどのような論点（重要業務）を設定したらよいでしょうか？ここで**「分解」**です。一例として、左図のように論点を分解してみましょう。

論点を分解していくステップとしては、次の3つです。

まず①Goalの確認。**Goalは、MVV（ミッション・ビジョン・バリュー）に紐づいていることが望ましい**です。この事例では、商品開発で価値提供するというミッションを実現し続けるために、収益の拡大を目指すわけです。この**Goal**を実現するために、何をすればよいのか**Pre**で整理して、やるべき**On**を特定するということです。

次に②Pre（事前準備）。この事例では、Goalである「収益拡大」を実現するために事業部門、本社部門、間接部門に分解し、それぞれの部門トップにミッション（業務）をアサイン（割り振り）します。彼らは自分の打ち手を検討すると同時に、**組織横断でCSF（Critical Success Factor：最重要ポイント）を特定します。**

そして③CSFに特定された業務のみ、さらに論点分解をして、実際に現場がどのようなタスクをするのかを解像度を高めていくのです。

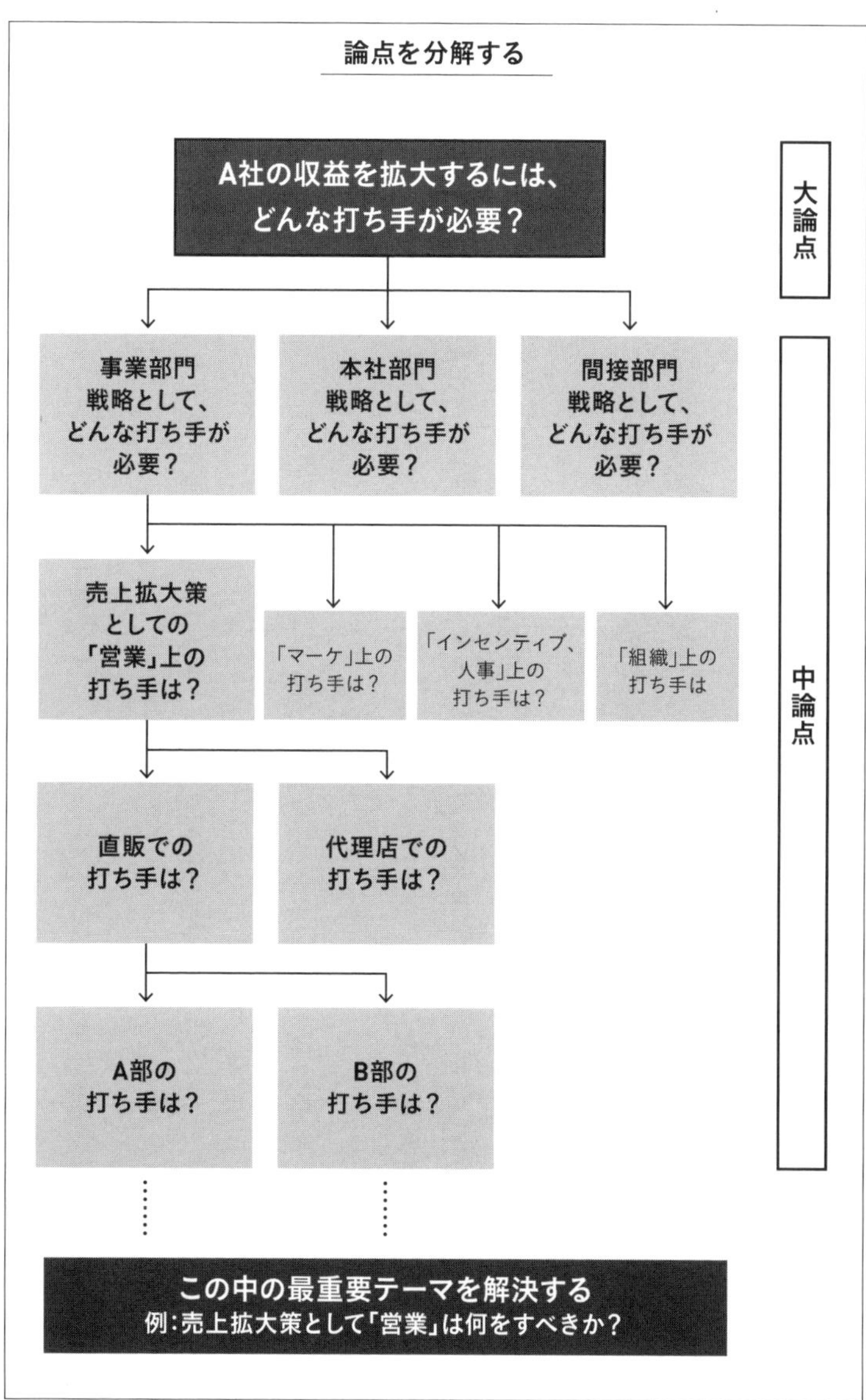
論点を分解する
A社の収益を拡大するには、
どんな打ち手が必要？
大論点
事業部門
戦略として、
どんな打ち手が
必要？
本社部門
戦略として、
どんな打ち手が
必要？
間接部門
戦略として、
どんな打ち手が
必要？
売上拡大策
としての
「営業」上の
打ち手は？
「マーケ」上の
打ち手は？
「インセンティブ、
人事」上の
打ち手は？
「組織」上の
打ち手は
中論点
直販での
打ち手は？
代理店での
打ち手は？
A部の
打ち手は？
B部の
打ち手は？
この中の最重要テーマを解決する
例：売上拡大策として「営業」は何をすべきか？

では、具体的に見ていきましょう。まず、A社の大論点（「収益を拡大したい」）を分解します。「A社」という大きなくくりでは解像度が低いので、ここでは**組織を「事業部門」「本社部門」「間接部門」という3つに分解しました。**

仮に、収益拡大のCSFが事業部だとします。事業部の収益を拡大するためには、どんな打ち手が考えられるでしょうか？　ここでもさらに、「営業」「マーケティング」「人事施策としてのインセンティブ」「組織」と、解像度を上げて論点を把握できるように因数分解していきます。

たとえば、事業部の中でのCSFが「営業」だとすると、これをさらに「直販」と「代理店」などと分解していくのです。「直販」のほうが売上拡大の余地が大きいなら、定量（データ）と定性（インタビューなど）を活用することで、重要なポイントであるCSFを見極めていけそうです。

こうして要素を分解していった結果、仮に営業チームごとに売上の伸び率が大きく異なることに気づいたとします。一番の好業績が営業B部だったとすれば、他の部の成績をB部並みに引き上げることで全体の売上を拡大させ、収益拡大を実現できることになります。

いかがでしょうか。A社の大論点「収益を拡大したい」を、中論点「好業績の営業B部並みに他の部の業績を高めたい」に分解することができました。

「収益を拡大したい」という論点では、どんなアクションをとればいいか分からなくても、分解していって解像度を上げることで、肌触り感が増し、具体的なアクションまでイメージできるようになったはずです。

この「好業績の営業B部並みに他の部の業績を高めたい」を言い換えて、「営業1人あたり◎◎（≒営業B部並み）の営業生産性の実現」が重要業務になるわけです。

爆伸びポイント

会社全体が実現したいことを起点に、論点の分解を繰り返していく中で、CSF（最も重要な業務）が把握できる。あなたに付与されたミッションの中で、この重要業務に関連するミッションを把握し、それに注力することが重要。

実行しやすくするには③

持てる大きさの荷物にする

先ほど、A社の「収益を拡大したい」という大論点を、「好業績の営業B部並みに他の部の業績を高めたい」という中論点に分解しました。

これで、具体的に何をすれば良いのかイメージがつく人と、相変わらず何をしたらよいのか見当がつかない人もいるかもしれません。

私は、この違いを**「持てる大きさの荷物にする」**という比喩を使って説明しています。この「持てる大きさの荷物にする」というスキルは、自分自身の仕事だけではなく、**同僚や部下に仕事を依頼するときにも役立つ、応用範囲が広いスキル**ですので、ぜひ使いこなせるようになってください。

世の中には、体力がある人とない人がいます。体力のある人が持てる荷物の大きさと体力のな

仮説とは

	ヒヤリング率	プレゼン率	クロージング率
A部	90%	75%	30%
B部	89%	80%	80%

プレゼン率とクロージング率の差が要因
「なぜこの2つに差があるのか？」が次の論点に

い人が持てる荷物の大きさは違います。

同じく、与えるミッションもそうなのです。「好業績の営業B部並みに他の部の業績を高めたい」という大きさのミッションを持てる人と、これでは大きすぎて実行できない人がいるのです。そこで、**相手の力量、すなわちスキルや経験に合わせて荷物の大きさを小さくすれば良い**のです。

具体的には、分解を続けて、相手が持てる大きさにまで小さく、軽くすれば良いのです。

たとえば、先ほどの事例を続けて、さらに細かく分解してみましょう。

営業チーム間での営業ステップを比較したところ、「プレゼン率」と「クロージング率」に差があることが分かったとします。

これこそがB部とそれ以外の部の成績の差を生み出している要因なのではないか――これが**「仮説」**です。仮説とは、「論点」に対する、その時点で最も確からしい事実のことです。

この「仮説」が、次の「論点」になります。

なぜこの2つのステップに差があるのか。どうやったら他の部もB部並みに成績を上げることができるか（次の論点）。この論点を解決できる仮説は……、という具合に仮説検証を繰り返していき、**現場の営業が具体的な行動に落とし込めるまで、大論点→中論点→小論点と論点を分解していくことで、自分やメンバーが実行しやすくしていけばよい**のです。

良い仮説を見つけるには、自分やチームの知識や経験を総動員することがポイントです。

その際に、次の3つの観点でチェックすると観点のヌケモレがなくなります。

1つめは**Art**の観点。直感や右脳で感じることです。

2つめは**Science**の観点。数字や論理、つまり左脳で考えることです。

最後の3つめは**Craft**の観点。その業務についての経験です。

自分やチームにこの3つの観点が不足している場合は、それらを持っている人を仮説立案時に呼ぶようにします。

次項では、スムーズなOn（実行・カイゼン）をまたげる「組織の課題」とその解決のヒントについて説明していきます。

爆伸びポイント

大きな荷物は持てない。自分や相手の力量に合わせて持てる荷物の大きさに分解する。これと同様に、業務は、具体的な行動がイメージできるまで分解を繰り返す。

実行しやすくするには④

KPIマネジメントが全体最適な組織をつくる

日本の大企業には、様々な特徴があります。それぞれ良い面、悪い面があります。しかし、明らかに悪い面があります。それは実行スピードが遅いということです。

一橋大学の名誉教授である野中郁次郎さんは、日本企業の三大疾病として3つの「過剰」を挙げています。

オーバー・アナリシス（過剰分析）
オーバー・プランニング（過剰計画）
オーバー・コンプライアンス（過剰規則）

つまり、分析をやりすぎ、計画を精密に作りすぎ、様々な規制を作れば、実行スピードは当然遅くなります。加えて、私の考えでは日本企業の**「組織課題」**と**「コンセンサス病」**が、これらに拍車をかけます。

組織課題とは、多数の階層からなる「ピラミッド型」組織が「サイロ化」を招いてしまっていることです。サイロ化とは、組織を超えて横方向のコミュニケーション（共有や連携）が起きにくい孤立した状態を指します。こうなると、**情報が分断され、どうしても全体最適ではなく、部分最適になりがちで、他部門との調整に時間がかかるのです。**

このサイロ化や部分最適は大企業だけで起きるのではありません。様々な規模・業種の企業が当てはまります。

私が主催している経営者塾（中尾塾）でも、時々この話が出ます。

組織は、生産性を高めるために分割されます。すると分割した組織内の生産性は高まるのですが、組織間では敵対化しだすのです。「自分たちはこんなに頑張っているのに、他はそこまでやっていない」、他の部署である「営業が悪い」「商品開発が悪い」「CSのフォローが悪い」といった具合です。これって、起きるのが当たり前なのです。

どうすれば、この組織の分断、つまり部分最適を超えて、全体最適な活動になるのでしょうか。

まずリーダーが集まって、**自ビジネスのビジネスプロセスの中で、最も弱い箇所・組織を特定します**。この最も弱い箇所・組織がＣＳＦ（Critical Success Factor）になります。そして、皆でこのＣＳＦを強化する方法、どれくらいの水準まで強化しないといけないか、数値を考えます。リーダーが集まっているので、定量データ、定性情報などを集めると、比較的簡単に考えられることが多いです。

その数値目標がＫＰＩ（Key Performance Indicator）です。これでやることが明確になりました。

そしてここからがサイロ化を壊す重要ポイントです。**このＣＳＦを、ＫＰＩまでカイゼンする部署に対して、「他の組織が支援する」のです**。支援とは、必要あれば人を異動させ協力するのです。本部組織は、その部署に優秀な人材を優先的に調達し、育成するのです。つまり弱い箇所であるＣＳＦを全組織挙げて**えこひいきして強化する**のです。

そして、これらの支援の甲斐があって、無事にそのＫＰＩが達成できれば、一番弱い箇所は十分強くなったので、次に弱い箇所・組織がＣＳＦになるのです。この新しいＣＳＦに対しても、同じく全組織で支援するのです。これを繰り返すうちに、ビジネスは強くなり、組織間の壁は低くなり、サイロ化が解消されます。まさに一挙両得です。

これら全体最適の組織運営については、私の著書『最高の結果を出すＫＰＩマネジメント』『最高の結果を出すＫＰＩ実践ノート』も参考にしてください。

■人事戦略も組織づくりに有効

人事施策（目標設定、昇進・昇格・配置、人材育成）にひと工夫するのも全体最適な組織を作る1つの方法です。

組織は、人事施策で動きやすいものです。部分最適な人事施策の一部を全体最適な施策に変更することが有効です。

目標設定に全体最適な目標を加えるのです。たとえば、個人目標が、個人や自分のチームに関係する目標だけであった場合、全社目標や事業部目標といったより広い「全体の目標数字」を個人目標に加えるのです。これだけで、全社目標や事業部門目標を意識するようになります。

特に上位役職者（役員や部長など）に全社目標を持ってもらうのは有効です。よく責任の所在を明確にするために、全社目標を上位役職者に持たさない会社があります。これでは、わざわざ目標設定で部分最適になりなさいと言っているようなもの。最悪の目標設定です。

組織は上から腐ります。上位役職者が部分最適な自部門の目標のみを追いかけていては、配下のメンバーが全体最適になることはありません。

昇進・昇格・配置換えも全体最適な組織づくりに活用できます。昇進・昇格をする際の配置であえて別部門を担当させるのです。

私がリクルート時代に部長になったときの話です。

同じタイミングで5人が新任部長になったのですが、私以外の4人は新人配属から同じ部門で、課長、部長へと昇進していました。すると、どうしても「その部署にとってメリットがあるかどうか」という部分最適な考え方になっていました。

一方、私は大きな異動を何度も経験した後に部長になったのです。異動先も本社、地方、子会社、複数事業部門など多種多様です。様々な部署の経験をしたことで、それぞれの立場で物事を見ることができるようになっていました。つまり全体最適の思考が身についていたのです。

もちろん、特定業務への専門性は、他の4人のほうが優れていました。しかし、そのデメリットを割り引いても、全体最適で物事を考えるメリットは段違いに重要でした。

人材育成も全体最適な組織づくりに活用できます。私が属していたリクルートでは、当時「人材開発会議」という人材育成のための会議を実施していました。そこでは、全メンバーの今後のキャリアについて検討を行うのです。「人材開発委員会」は、各階層レベルで実施します。部レベルでは、人事、部長が主催者になり、配下の課長と一緒に全メンバーについて議論します。

事業部レベルでは、人事、事業部長が主催者になり、配下の部長と一緒に近い将来部長になる人材について議論します。そして全社では、人事、CEOが主催者になり、役員と一緒に、近い将来役員になる人材について議論するのです。

その際に、**将来幹部になる可能性のある人材については、複数部門を経験するように人事異動計画を作成していました。**複数の部署、複数の職種を経験することで、全体最適な見方を身につけてもらおうと考えていたのです。

爆伸びポイント

Agile（アジャイル：俊敏に変化し続ける）のためには、大企業によく見られる多階層からなる「ピラミッド型組織」、組織間の「サイロ化」といった組織課題を解決することが必要。

そのためには、全体最適を志向するKPIマネジメントが有効。加えて、人事施策（目標設定、昇進・昇格・配置、人材育成）の工夫が有効。

カイゼンのためのアジャイル①

組織も個人も高速でカイゼンできる

ここからは本章の冒頭で述べたアジャイル（俊敏に変化し続ける）な組織と個人を目指すポイントについてお話しします。

前項で「組織課題」とは別に、**「コンセンサス病」**を挙げました。

コンセンサス病は、私の造語です。野中さんの表現をお借りすると、オーバー・コンセンサス（過剰合意）とでも言うのでしょうか。会議で、「参加者全員が納得（合意）すること」に異常に執着している状態を指します。

その結果、納得しない結論に対しては、その場は一見納得したような人が、会議後に「私は、本当は反対だった」という発言がまかり通るのです。つまりAgree but no-commitment（納得したようだが、責任を持って実行しない）が認められるのです。

そこで、この人に納得してもらうためにスタッフが何度も説明し、結果として時間がかかってしまいアジャイルを阻害するのです。

組織課題やコンセンサス病に打ち勝ち、実行スピードを上げる必要があります。リーダーが独断する方法もあるかもしれません。それが有効なケースもあります。

私は、必ず全員から合意を得るまで議論するのは論外だと考えています。もちろん、結論を出す前に行う参加者の対話や議論は、そこで最適解が出ることも少なくないから重要です。つまり、対話や議論をすることは重要ですが、全員合意までは必須ではないという立場です。

ではどうすれば良いのでしょう。それは、次の2つのルールを決めれば良いのです。

①対話を尽くしたら全員が合意をしているかどうかにかかわらず、議長（その場の責任者）が結論を出す。

②結論が出たら、自分が合意しているかどうかにかかわらず実行する。

つまり**Disagree but commitment（納得してないとしても、責任を持って実行する）**ことが重要なのです。

とはいえ、大きな判断をする際には時間をかけたい、というのも理解できます。

では、どうすれば良いのか。

責任を持って実行したけれど、結果が思わしくなければ、修正できれば良いのです。

そこで登場するのが**Agile（アジャイル）**という考え方です。アジャイルは、失敗するのが分かっていてもGoalに向かってまっしぐらではなく、**定期的にG-POP（ゴール設定、事前準備、実行・カイゼン、振り返り）を回しましょうという考え方**です。その定期的な期間として**1週間〜2週間を勧奨しています。**つまり半年や1年という長い期間を適切な大きさに分割してしまう発想です。

これが本書のAgile（アジャイル）です。前述した、大きな荷物を持てる大きさにする（今回の場合は期間）具体的な方法だとも言えます。

■ アジャイルの特徴

Agile（アジャイル）はもともとシステム開発の言葉です。システム開発には大別すると2つ方法があります。1つは**WF（ウォーターフォール：Water Fall：滝）**。もう1つは**Agile（アジ**

ヤイル：俊敏な）。

ウォーターフォールは、滝のように、上から下に一方向に流れていく仕事の進め方です。それとは対照的に、**アジャイルは、その場その場で最適な方法を俊敏に考えながら進んでいく方法**です。「仕様や設計の変更が当然ある」という前提に立ち、厳密な仕様は決めず、おおよその仕様だけで1〜2週間程度のイテレーション（反復）開発ごとに「実装→テスト」を繰り返し、徐々に開発を進めていくのです。

アジャイルの要諦は、発注者も作業者も1週間に1回など、全員で集まって、現況を共有し、次の1週間に何をするのか、その優先順位を決めることです。

つまり、みなさんが毎週やっている**会議の中身をアジャイル式に変えると、G-POPマネジメントが回り出す**のです。

昨今、システム開発という領域を超えて、様々な仕事の場面で、取り入れられています。

このアジャイルの源流は、実は日本の現場でのカイゼン活動なのです。考え方の基盤となったのが1986年に一橋大学の野中郁次郎さんと竹内弘高さんが日本企業のベストプラクティスについて研究し、ハーバードビジネスレビュー誌に掲載された「The New Product Development Game」でした。日本企業の事例が元なのです。

アジャイルの最大のメリットは、不具合が発覚しても**手戻り工数を最小限に抑えることができること**です。また、仕様変更や追加にも柔軟に対応できます。

一方で、主なデメリットは2つあります。全体のスケジュールや進捗が把握しづらく、マネジメントのコントロールが難しいことがあります。

アジャイル開発を成功させるには、優れた技術スキルに加えて、仕様変更への対応力や、高いコミュニケーション能力が求められます。

両者を比較すると、変化が少なく、大規模、堅牢、高品質の場合はウォーターフォール。そして変化が多く、小規模、変更を前提とした仕事やプロジェクトはアジャイルが相応しいことが分かります。

前述のように世界中でＶＵＣＡ、そしてブラック・スワンな出来事が起きています。

未来が見通しにくく、変化が必然で試行錯誤が必要な現在では、このアジャイルが求められることが増えてきているのです。

私が主催している経営者塾（中尾塾）でも、毎週ＧＣ（グループコーチング）を実施しています。そこには今回のコロナで大打撃を受けた大手旅行代理店、フィットネスクラブ、飲食チェーン店などの方々も参加されています。

特に海外旅行市場は市場自体が数％規模になりました。つまり9割以上の市場が蒸発したのです。普通ならお手上げですね。

しかし、中尾塾に参加している旅行代理店の海外法人の社長は、まさに毎週高速でG－POPマネジメントを回し続けています。

9割の市場がなくなっても1割の市場は残っています。その1割とは、商談などでその国を訪れないといけない人のことです。

その「兆し」を捕え、適切な高付加価値な商品を短期間で開発し、提供したのです。

初めて提供するサービスなので問題が起きます。それを前述したKPIマネジメントも活用し、次々にCSF（最も弱いところ）をカイゼンし、とうとう黒字にまで持っていったのです。

9割以上市場がなくなってもやり方はあるのです。

■ アジャイルは習慣で実現できる

システム開発以外でアジャイルに仕事を進める方法はたくさんあります。

アジャイルという考え方は、前述のようにその源流が、日本のお家芸とも言える「継続的なカイゼンの仕組み」です。それに類することをみなさんもやっている、あるいはやったことがあるはずです。

2001年にアジャイルの識者17名がアメリカのユタ州に集まり、アジャイル開発宣言として4つの価値と12の原則にまとめました。

そして次の4つの価値をベースにしたアジャイルでの目指す姿が定義されました。

1 顧客満足度向上

2 本質的なGoalを目指す

3 自己管理した強いチーム

4 早いフィードバックサイクルで改善し続ける

1~3は、まさに日本企業のカイゼン活動です。新しく意識すべきは、4「早いフィードバックサイクル」ではないでしょうか？

ここを個人、組織で仕組み化できれば、アジャイルを実現できる可能性が高まります。

本章の残りでは、アジャイルな個人や組織をつくるための習慣を紹介したいと思います。目指すべきアジャイルな状態とは、次の状態が習慣化されたものです。

定期的にGoalを意識する「習慣」。
定期的にOnする前にPre（事前準備）する習慣。
定期的にOnした後にPost（振り返り）する習慣です。

紹介する方法は、どれも私自身はもちろん、私が様々な組織に導入してきた方法です。自社や自組織の状況に合わせて取捨選択して活用してください。

爆伸びポイント

アジャイルの目指す姿４つのうち、①顧客満足度向上、②本質的なGoalを目指す、③自己管理した強いチームは、日本企業が既にできているポイント。新たに実装すべきは、④早いフィードバックサイクルで改善し続けること。

カイゼンのためのアジャイル②

アジャイルをはじめるならこの4つ

さて、ここからはアジャイルな個人や組織をつくるための4つの習慣を順に解説します。

①チームでGC（グループコーチング）をする

自組織でG-POPを習慣化させる方法です。これが最も手軽に始められてお勧めです。

②個人でG-POPシートを書く

1人でも習慣化できる人。もしくは1人でG-POPマネジメントを始める人にお勧めです。

③チームでKPTS会議をする

チームでPost（振り返り）を強化したい場合に有効な方法です。

④事前審議をする

組織全体でG-POPを実装する方法です。習慣化できると組織・会社が変わります。

①チームでGC（グループコーチング）をする

GCは、ファシリテーターと4人の参加者の合計5人がオンライン会議システム（Zoomなど）を介して毎週1時間実施するセルフマネジメントの方法です。1週間のG-POPそれぞれの項目を共有し、他の参加者からアドバイスを得ます。これにより、翌週の業務がうまくいく再現性を高め、うまくいかないことが起きないように発生時対策を打ちます。

GCは、G-POPマネジメントを習慣化させる方法なのです。GCを習慣化できると、様々な突発事項にも対応できるような人材が増えていきます。

GCが最も手軽に始められてお勧めです。

手軽と言っても、従来の研修や会議のようにやっていては、有効なアドバイスが起きないことも少なくありません。ですので、手順を決めて、GCが楽しく、待ち遠しい場にするような仕掛けを作っています。ポイントを7つ説明しましょう。

GCに参加する前にG-POPのフレームワークに準拠したGCフォーマットに、1週間の計画、結果、振り返り、次週の計画を記載して参加します。GCの流れ（全体で1時間）は以下です。

瞑想：心を落ち着ける
チェックイン：1人ずつ発言する（例：24時間以内にあった感謝）
報告者はフォーマットを使って状況報告
他のメンバーは感じたことを共有
報告者は他メンバー全員の発言が終わった後、感じたことを共有
それを参加者（4人）は繰り返す
チェックアウト

この流れには、メンバー同士が相互作用を行い、様々な気づきが生まれる仕掛けがいくつも入っています。詳しく見ていきましょう。

瞑想により、心をフラットにする

日々の忙しさでついつい呼吸が荒くなったり、乱れたりしています。1分ほど、目をつぶり、自分の呼吸に集中をします。たったそれだけのことで、心をフラットにできます。

チェックインで24時間以内にあった有難い話をすることでポジティブになる

ポジティブ心理科学という学問があります。そこでは、日々周囲への感謝を確認することをア

グループコーチングシート：1週間の振り返り

私のゴール（①人生をかけて、②今年中に、③今月中に、④ほか）	
やると決めたこと	結果
振り返り	次のアクション

ドバイスしています。「感謝」の反対は「当たり前」です。日々当たり前と思っていた周囲のサポートに対して「感謝」を言葉にすることで、周囲とのコミュニケーションが劇的に好転するきっかけになります。

GCのフォーマットに記入すること自体がセルフコーチングとなる

フォーマットの内容は、G-POPのフレームワークに準拠しています。この内容を記入することで、1週間の業務を自ら振り返る習慣をつけることができます。結果、セルフコーチングをする習慣がついていくのです。

すべての参加者が平等に話を聞いてもらえる機会がある

日常的に、会話の途中で上位者や同僚から会話を遮られることが少なくありません。会話はキャッチボールだと言われていますが、ボールを受ける前に、どのように回答するか準備をしているのです。そうではなく、話を聞く、そして話す。これらをきちんと分離することで、他者とのコミュニケーションレベルが大きく向上するきっかけになります。

批評や指示、アドバイスではなく、感じたことを交換する

これもコミュニケーションレベルを向上させます。かっこよいことではなく、感じたことをそのまま伝える。このコミュニケーションが相互にできることで「安心・安全の場」を作るきっかけになります。

また、感じたことを交換するところにも学びの機会があります。「返報性」と言うのですが、感じたことを伝える↓それに対して、また返事が来るというキャッチボールから、思考が深まるのです。

感じたことを率直に話せる

「安心・安全の場」を作ることが、高い業績を挙げるための必要条件であることが、様々な組織の研究で明らかになっています。前向きに感じたことを率直に話す関係性と習慣を作ります。

チェックアウトで感謝と気づきを伝えることができる

最後に、感謝を伝えることで、ＧＣ後の職場での他者とのコミュニケーションも良くなり、結果、関係性も向上します。

また、まとめの位置づけでもあるので、自分の気づきを定着させる効果もあります。加えて、同じ1時間を過ごした4人のチェックアウトする内容の違いから、さらに気づきを得られることもあります。

グーグルが2012年に実施したプロジェクト・アリストテレスが、生産性が高い組織をつくるには心理的安全性が重要であると明らかにしました。そこで、どうしたら心理的安全性を高められるのか？　その答えとして**①チームメンバーの会話量がだいたい同じ、②チームメンバーの共感力が高い**、の2つが挙げられました。

GCの1時間は、心理的安全性を高めるためのこの2つの要素を含め、様々な仕掛けが入った時間なのです。

この1時間と準備時間10分から15分で、本人はセルフマネジメントに加えて参加者との相互作用を通じて、いくつもの学びを得ます。これを継続することで毎週のアジャイルな習慣が身につくのです。

■ＧＣが「成功の循環」を生む

最後にＧＣが結果を生み出すメカニズムについて、第2章で述べた**「成功循環」**を参考にして触れておきましょう。ＧＣを実施すると、同じチームの4人の**「関係の質」**が高まります。これは前述のように「安心・安全の場」ができるからです。相互に前向きで率直なアドバイスが生まれるのです。

この「関係の質」が高まることで「思考の質」「行動の質」が順に高まります。これは相互のアドバイス、他のメンバーのＧ-ＰＯＰシートから学ぶことにより起こります。つまり、ＧＣで「関係の質」→「思考の質」→「行動の質」まで高まり、最終的に「結果の質」も高まるのです。

この「成功循環」は、ＧＣを実施する中で自然に起きていきます。そしてさらにファシリテーターが、ＧＣ中に、メンバーにチームを超えて他メンバーの活動などを参考にするように促すことで、思考の質、行動の質が高まります。

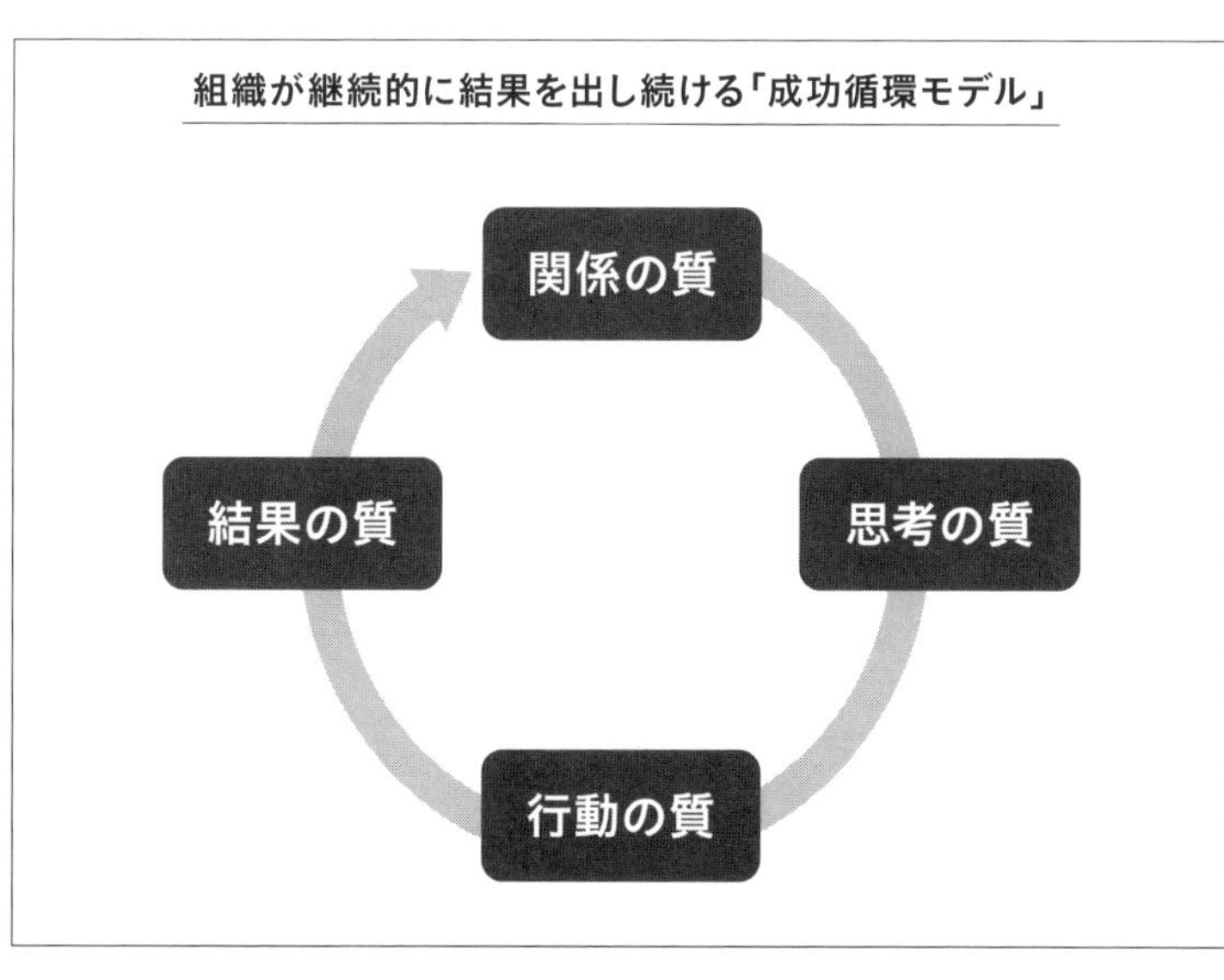

ファシリテーター同士でGCをするのもお勧めです。具体的には、GCのファシリテーションについてG-POPシートに記載し、GCをするのです。ファシリテーター同士がGCをすることでファシリテーションスキルが向上します。結果、「成功循環」が促進されるのです。

GCを継続し続けると、G-POPシートのデータが蓄積されていきます。継続すればするほど、どんどんリアリティが高い情報が蓄積されていきます。

その結果、社内での成功、失敗のケーススタディが溜まっていくのです。これらを必要な人が学ぶことで、さらに「結果の質」が高まります。

上司にとっても、メンバーのG‐POPシートを読み、そこで相互にコメントをすることで容易に組織の実態把握ができるようになります。内容によって必要な人だけ1on1などで情報を深堀りすることも可能です。必要な人に必要なことだけ効率的に時間を使えるようになります。

誰にとっても一石二鳥にも三鳥にもなるのです。

② 個人でG‐POPシートを書く

実は、GCは、個人でも習慣化できます。これは、周囲にGCを一緒にやる人がいない場合にお勧めの方法です。

GCは、そもそもセルフマネジメント力を高める手法です。毎週曜日時間を決めて、G‐POPシートに記載し、自分でPost（振り返り）することで、セルフマネジメントを行うという方法です。

フォーマットさえあれば、1人でスタートできます。

③ チームでKPTS会議をする

これは、G‐POPのPost（振り返り）を上手にやる方法です。

みなさんは、目新しい方法をどんどん採り入れて、気づいたらやることでパンクしてしまった…、そんなことはありませんか？

アジャイルで実施されるＫＰＴ（ケプト）会議は、有効な会議です。

ＫＰＴとは、関係者が集まり、１週間の業務をPost（振り返り）する際に、Keep（継続）、Problem(問題解決)、Try（新たに実施）を確認しながら、次の開発方針を決める手法です。

ただ、これには１つ問題があります。Keep（継続）は今あることを継続的に実施します。Problem（問題解決）、Try（新たに実施）は、新たに業務を増やす話です。ＫＰＴの３つは、全て仕事が維持・増加する方向に進むのです。その結果仕事が増えてしまいます。

実際に「ＫＰＴ会議」を見よう見まねで導入したことで、さらにやることが増えているなどという笑えない話を聞くことがあります。

KPT（ケプト）会議にS（Stop）を加えることで、
仕事を増やすと減らすのバランスを取る

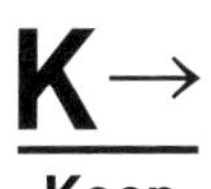

Keep
継続

Problem
問題解決

Try
挑戦

S↓

Stop
中止

そこで、KPT会議に**S（Stop：止める）**を加えて、新たにやることを増やす場合は、減らすことでバランスを取るのです。KPTS（ケプツ）会議により業務過多を予防するのです。

これにはコツがあります。たいていの仕事はやったほうが良いかと聞かれれば、やったほうが良いことが多いのです。あるいは自分が担当している仕事が不要だと言われるとプライドが傷つく人もいるかもしれません。

ポイントは、**「もし今からスタートするとすればやるかどうか」で決める**ことです。もちろん、中にはすぐに止められない仕事があるかもしれません。その場合は、「その仕事を止める」ことをGoal設定し、G－POPを回せばよいのです。するとStopできる可能性が高まります。

KPTS会議を毎週実施する以外の方法として、定期的に断捨離する**「棚卸会議」**があります。棚卸会議を開催して、「止めることを定期的に考える」会議をするのです。

たとえば、小棚卸（毎月）、中棚卸（四半期）、大棚卸（年一）を定期的に実施するのです。これは某大手IT企業の創業社長が始めたアイデアでした。ただ同社でも、2年ほどやると、創業社長が「それを止めて大丈夫か！」と大胆にStopできるような組織になったそうです。

④　事前審議をする

「事前審議」は、リクルートマネジメントソリューションズに出向しているときに学んだ仕組みで、リクルートグループでも業績が良い事業子会社も実行していた仕組みでもあります。その後、様々な組織で導入して成果を挙げ続けている会議の仕組みです。

一般的に会議の問題は次の2つに集約されます。

1　時間が長いわりに重要なテーマの議論に時間を使えていない

2　参加者が多い

1は、結論が分かっている案件を明確にし、議論すべき案件に時間を割けば良いわけです。2は、なぜ参加者が多いかというと、会議に参加しないと情報収集ができないからです。あるいは、重要案件が間違った結論になることがあるからです。であれば、会議に参加しなくてもよいように情報を開示すれば良いのです。

これらを解決する方法が**「事前審議」**です。

事前に会議参加者にアジェンダと資料を送り、参加者はその資料を読んでおきます。加えて、参加者は、事前に資料を読むだけではなく、態度表明をするのです。

具体的な態度表明の選択肢は次の4つです。

1）承認
2）否認
3）保留
4）質問

参加者は、会議の事前に審議を行うので、「事前審議」と言います。

1）承認、2）否認は、文字通り、内容の承認、否認です。ただし、2）否認の場合は、その理由を明記するというルールを設けます。これにより、起案者は、会議当日までに、起案内容を修正できるのです。

会議参加者が全員1）承認、もしくは2）否認の場合、会議当日は、資料の説明も質疑応答も不要で、最終確認だけを行います。

該当アジェンダの資料説明だけではなく、質疑応答まで省略できるので、大幅な時間短縮が可能になるのです。

3）保留は、この情報だけでは1）承認、2）否認の判断がつきかねる場合に使います。ただし、判断ができない理由を補足説明するルールを設けていました。

4）質問は、文字通り質問です。

起案者は、これら3）、4）の質問内容が会議前に把握できるので、資料を再度バージョンアップできたり、会議前に質問に回答できたりします。これらにより、会議当日に、より深く対話や議論をすることが可能となるのです。

ちなみに、この事前審議の仕組みは、特別なシステムがなくても可能です。ある会社の経営会議では、スプレッドシートを使って実行していました。つまり、やろうと思えば明日からでも実行できます。

事前審議には、様々な効能があります。

最も大きいのは、前述のように、参加者の判断が同じものは、資料説明、質疑応答も飛ばして、会議当日に重要な案件に時間を割けることです。これが本質的な価値です。

しかし、これ以外にもいくつも効能があるのです。

1つは、参加者が全員OKであれば、会議前に、現場は承認を前提に動けるのです。通常であれば、経営会議が終わらないと進められないものが、**その前から進めることができる**のです。つまり、より早く着手できるということです。

もう1つは、人材発掘に活用できる可能性があることです。事前審議にテキストのログが残ります。たとえば、審議時間を記録できれば、上司よりも前に誰が態度表明をしているのか一目瞭然です。

逆に、上司が態度表明した後に、同じ意見を表明するのは誰かが分かるのです。これらの情報は、人材発掘に活用できます。

実際にFringe81（現UNIPOS）に導入した内容を同社のCOO（最高執行責任者）と記事にしたものがありますので、参考にしてください。

https://www.businessinsider.jp/post-162518

https://www.businessinsider.jp/post-164223

爆伸びポイント

アジャイルを組織やチームに根付かせる方法は次の４つ。①チームでGC（グループコーチング）をする、②個人でG-POPシートを書く③チームでKPTS会議をする④事前審議をする。

第4章

Post

成功の再現性を高め、失敗を防ぐ「振り返り」

なぜ振り返りができない組織、人が多いのか？

少し私の昔話にお付き合いください。リクルート時代に異動して新規事業を担当したときのことです。この新規事業におけるG-POPサイクルが1周する期間を確認しました。具体的には、何らかの施策を行って、その施策を振り返り、次の施策に活用するまでの期間を「見える化」したのです。

新規事業だけあって「多くの施策を実施」していました。ところが、驚くべきことに、前年の1年間でG-POPサイクルのPost（振り返り）まで実施していたのは、わずか2つに過ぎなかったのです。1年間で2施策のPost（振り返り）です。単純に計算すると、半年に1つしかG-POPサイクルを回していなかったのです。

何だかゆっくりした組織に感じます。ただし、正確に表現すると、前述のように施策はたくさん行っていたのです。ところが、Post（振り返り）をしていなかったのです。特に結果が出なかった、あるいは失敗した施策に対してPost（振り返り）を躊躇していたのです。結果がうまくいかといって、うまくいったことも、Post（振り返り）をしていませんでした。結果がうまくいったので、それで満足していたのです。

つまり、Post（振り返る）習慣がない組織だったのです。これは、この事業部だけに限りません。多くの個人、組織が振り返りをしないのです。

なぜ彼らはPost（振り返り）をしないのでしょうか？

それは、振り返りを「犯人探し」と混同しているからです。

つまり、振り返りをすると「うまくいかなかったのは、Aさんのせい」と言うことになり、Aさんを傷つける、あるいは、そのような指摘をして、その人から嫌われてしまうことを避けているのです。同時に自分が失敗したときにそうされたくないので、振り返りをしないのです。

実際、私が「施策の振り返りをしよう」と提案した際に、「犯人探しとかしなくてよいのではないですか？」という意見がありました。

これはPost（振り返り）の経験が浅い人や組織で起きる「アルアル」でもあります。
心情的には理解できます。「あなたのせい」なんて言われるのは嫌ですよね。

ただ、これは、**振り返りに対する誤解**です。

正しく施策のPost（振り返り）を行っている組織ではこんなことは起きません。当然ですが、Post（振り返り）の目的は「犯人探し」ではありません。目的は次の2つです。

1　うまくいった施策については「再現性の向上」
2　うまくいかなかった施策については「再発防止」

なぜ、うまくいったのか、その主な要因を見つけて、「再現性」を向上させます。同じく、なぜ、うまくいかなかったのか、その主な要因を見つけて、再び同じ結果にならないように対策、つまり「再発防止」を検討し、それを次回実行する際に活用することです。

マネジメントは確率論です。成功したことの「再現性」を高め、失敗したことを「再発防止」すれば、当然業績は向上します。

私がかつて所属していた組織も正しい振り返りをしていれば、既に業績向上ができていた可能性が高いのです。振り返りをしていない分、伸びしろがあるとも言えます。

もちろん、うまくいかないのは個人が原因であるように見えるかもしれません。しかし、実際は特定の個人が原因でないケースが大半です。

たとえば「Aさんが努力しなかったから」「Bさんが注意散漫だったから」という原因は、程度問題かもしれませんが、必要以上に努力しないと成果が出ない業務フローの問題です。

注意散漫もそうです。注意散漫になる環境やBさんが本当に注意散漫な人であった場合、その人の特性に合わせた仕事を割り振らなかった組織や上司の意思決定の仕組みの問題です。

これで、Post（振り返り）が犯人探しであるというのは、大きな誤解だと分かってもらえたと思います。

Post（振り返り）は学びの宝庫です。自律自転する組織になるためには、Post（振り返り）の習慣化が欠かせません。まずは、「うまくいった施策についての『再現性の向上』」から見ていきましょう。

2つのPost（振り返り）と原則

①再現性を高める

- 振り返りの日程を決めておく
- ハイパフォーマーの要因を特定する

②再発を防止する

- 「悪い兆し」を早く見つける仕組みづくり

振り返りから学ぶには

- 査定と評価のフィードバック
- 適切な目標設定
- 失敗もオープンにする組織づくり

再現性を高める①

振り返りの日程は事前に決めること

振り返りを定着させるには、私が以前在籍していたリクルートマネジメントソリューションズで学んだ方法が有効です。ひと言で言うと、**施策の承認をする際に、同時に施策のPost（振り返り）についても確定する**のです。

具体的には、**起案者は起案内容に加えて、その施策のPost（振り返り）を「いつ」「誰が」「何を」「どうやって」実施するのかを合わせて起案する**のです。特に「いつ」の部分について、事前に「振り返り」を実施する日付を特定し、その会議議題として設定してしまうのがコツです。

そして、同時に関係者に「振り返り」の会議招集を行うのです。

たとえば、**施策Aを8月1日から1カ月行う。その施策のPost（振り返り）は、施策実施2週間後の9月15日に起案部署の部長から、投資対効果を中心に報告する**、といった具合です。これで、仕組みとしてPre（事前準備）時にPost（振り返り）が習慣化されていきます。

この「起案承認時に、Postについても確定する」ことを、経営会議に導入できれば、最も有効です。**組織には重力があり、現場を変えても経営は変わりにくいからです。**

経営が変わると現場も変わっていきます。経営会議にPost（振り返り）が習慣化されると、その習慣が配下の会議でも習慣化されて入っていきます。結果、様々な議題に対してPost（振り返り）する習慣ができあがります。「習慣」は上から率先垂範することが最も有効ですね。

爆伸びポイント

起案承認と同時に、Post（振り返り）を行う会議日程、内容、報告者を決めておく。

ハイパフォーマーの要因を分析する

期末になると、組織業績のPost（振り返り）を行う。あるいは人事評価のためのPost（振り返り）などを行うために、様々な定量、定性の情報が集まります。

これらを活用しようとする組織があります。素晴らしい取り組みです。具体的には、各種情報を駆使してハイパフォーマーを特定し、その仕事の仕方を組織に広めるのです。平均的な業績のミドルパフォーマーがハイパフォーマー並みの業績になれば、組織業績は向上します。ミドルパフォーマーの生産性が向上するので、利益率も改善します。

では、具体的にどうやればハイパフォーマーを特定し、高業績を挙げられるポイントを把握できるのでしょうか。

まず、ハイパフォーマーが高業績を挙げられるポイントの特定方法です。これについて、多くの人にどうすればいいかと聞くと、「ハイパフォーマーにインタビューをする」との回答が返ってきます。しかし、これはお勧めではありません。

■ 自分の「成功要因」を知らないハイパフォーマー

実は、ハイパフォーマーへのインタビューだけでは、うまくポイントを特定できないことが多いのです。

どうしてでしょうか。

ハイパフォーマーにインタビューすると、もっともらしい話を聞けるかもしれません。ハイパフォーマーだけに、実に理路整然と話をしてくれるケースもあります。

ところが、インタビューには聞く側にスキルが必要なのです。それが無いと、重要なポイントを絞り込むことができません。

そして、こちらがより重要なのですが、実は大半のハイパフォーマーは、「自分が高業績を挙げられている本当のポイントを正確に把握できていない」のです。

不思議ですよね。でも、実は理由はシンプルなのです。**ハイパフォーマーが高業績を挙げてい**

るポイントは、彼らが無意識に行っている箇所にあることが多いのです。息を吸うように無意識にできている箇所が高業績のポイントだったりします。ハイパフォーマーにとっては当たり前の行動なので、それが高業績のポイントだとは本人は気づかないことが多いのです。

■ 残り9割のメンバーを戦力にする

では、どうすればその高業績のポイントを把握できるのか。それが**比較**です。ミドルパフォーマー（平均的な業績者）と比較すれば良いのです。

ハイパフォーマーだけがやっている箇所、あるいは逆にやっていない箇所、または順番の違いなどに、高業績の秘密があるのです。これは第三者が観察しないと分からないものなのです。

私がリクルート時代の新規事業（スーモ）で実際に行った具体的な話にも触れましょう。

全国に拠点があり、注文住宅を建てたいお客様の要望に合った建設会社を紹介するサービスです。それをネット情報、ネットにない情報などを組み合わせてアドバイザー、つまり人がマッチングするサービスです。

人が実施するので、ハイパフォーマーとそれ以外のアドバイザーのマッチング率には、大きな差異がありました。ハイパフォーマーのスキルを分解し、標準化し、他のアドバイザーに転用できれば、マッチング率が向上するはずです。そこで、高業績のポイントの特定に取り組むことにしたのです。

まず、他のアドバイザーが真似できるスキルを持つハイパフォーマーを特定する必要があります。いわゆる天才型の直感でマッチングできる人では、他のアドバイザーが真似できないからです。

特定するための、具体的な手順は次の通りです。**まずは定量データで概観を掴みます。**毎週、部署（店舗）全体、個人の各種データを把握します。

データを漫然と見ていても現場で起きていることは分かりません。データを見る際は、絶対値も大事なのですが、**変化に着目すると有効な場合が多い**のです。

たとえば、時系列でマッチング数や率のデータの変化を見ていきます。**ハイパフォーマーの数値が悪くなった、あるいは、逆にミドルパフォーマーの数値が良くなった、という変化を見つけることができます。**これらの変化には、「原因」があります。**何かを始めた、あるいは何かを止めた、それが変化の原因です。**新たに始めた、あるいは止めたことが好業績のポイントであったりするのです。

そして、それが個人だけの変化なのか、チームや組織全体で起きている変化なのかを数値で把握します。チームや組織で良い変化が起きている場合があります。その場合、既にその組織内で、どうやれば良い結果が出るか、イメージがある可能性があります。そうなればしめたものです。**この良い兆しの仮説を、他組織へ横展開ができる可能性があるからです。**

もちろん定量情報だけでは、仮説立案には不十分です。

次に定性情報を加えます。

私が、この組織で実施していた例を紹介しましょう。

当時各チームで毎週実施している「チーム会」のアジェンダと議事メモ（簡易な議事録）をイントラネット上（現在のクラウド）に掲示してもらっていました。

これを見ると、**全体戦略をメンバーにどのように伝えているのか、**あるいはきちんと伝えていないのかが把握できます。あるいは、チーム独自の活動をしていることも把握できます。つまり、何かをやり始めたり、止めたりしているのか想像できるのです。先ほどの定量情報から作った仮説にこれらの定性情報を加えることで、個人やチームで起きている仮説を強化できるのです。

そして、その仮説が正しいのかを現地メンバーへのインタビューで確認します。対象チームやメンバーは、先述の定量データと定性情報により絞り込みます。

そしてメンバー、リーダーとの面談を通じて、その店舗だけの特殊な話なのか、組織全体に展開できるテーマなのかを確認します。後者である場合は、リーダー全体の会議で事例共有し、全体で実行できるようにしていました。

たとえば、企業と個人のマッチング数をアップしたいというテーマがありました。どうしたら良いのかを実際の現場のハイパフォーマーにインタビューをしました。比較対象としてミドルパフォーマー（平均的な数値の人たち）も抽出して、そのミドルパフォーマーにもインタビューを実施します。

ハイパフォーマーとミドルパフォーマーを比較して、２つの差異点が見つかりました。**お客様に建設会社を紹介する際に5社以上の案内をすると、結果として3社以上マッチングが成立する**ことが分かりました。

さらに、いくつかのデータや追加インタビューの結果、3社以上マッチングを行うと、その後の成約率が大幅に向上することが分かったのです。では**どうやって5社以上案内をし、3社以上マッチングをすれば良いのか？** これを検討すれば良いのです。

ハイパフォーマーは、事前に入手した顧客アンケートを読み、想像し、接客のシナリオを作り、事前に適切な案内候補を5社以上ピックアップしていたのです。これらを実際の接客前のPre（事前準備）に実施しているのです。

これならばミドルパフォーマーへの横展開も可能です。接客時、つまりOn（実行・カイゼン）の違いだと横展開するには訓練が必要ですが、Pre（事前準備）でできることであれば、チームメンバー相互でサポートができる可能性があるからです。

■ハイパフォーマーは逆から考える、という事例

同じようにハイパフォーマーについて、首都圏で20店舗ほどのフィットネスクラブで分析したことがあります。フィットネスクラブに体験に来た方に対して、**ハイパフォーマーYさんが接客**

するとほぼ100％入会します。ところが、平均的な入会率だと5～6割、低い人の入会率だと、1～2割なのです。

現場は、Yさんにインタビューなどをしていたのですが、高業績のポイントを特定できていませんでした。その結果、「Yさんは違うからね」と他の人ができない理由を合理化する風潮さえありました。

前述のように、ハイパフォーマーの高業績を挙げるポイントは、ミドルパフォーマーの活動との比較で見つけられることが多いのです。実際、同社でもそうでした。

比較して分かったことは、**接客フローの順番**でした。平均的なミドルパフォーマーの接客フローは、施設見学→「①感想ヒヤリング」→「②入会について」の順でした。

ところがハイパフォーマーであるYさんの接客フローは、施設見学→「①入会時期確認」→「②感想ヒヤリング」という順番でした。施設見学後の2つの接客フローの順番が反対だったのです。

ハイパフォーマーのYさんは、施設見学をした後に、「①入会時期確認」をしています。わざわざ施設まで見学に来た人です。**入会意欲が高いと仮定して接客していた**のです。ですから、「入会」する前提で「いつ」入会するのかを確認しているわけです（具体的には、「今日から利用するのか」「来週から利用するのか」を聞いていたのです）。

同社のミッションは、「運動習慣により健康寿命を延ばす」でした。運動習慣をつけるのは、1日でも早いほうが良いでしょう。ミッションにも合致しているわけです。

ところが、ミドルパフォーマーは、「①感想ヒヤリング」→「②入会について」という接客フローなのです。「①感想ヒヤリング」からするのは、ある意味当たり前のように感じるかもしれません。

しかし、ここに落とし穴があるのです。感想をヒヤリングすると細かい不満があるケースもあります。その不満を口に出すと、実はたいした不満ではないのに、それが気になる可能性が出てくるのです。その結果、入会という結論をその場で出さずに、持ち帰りになってしまうのです。

けれども、ミドルパフォーマーは、自分の接客ステップに問題があるとは思わず、体験者に不満を持たせるような

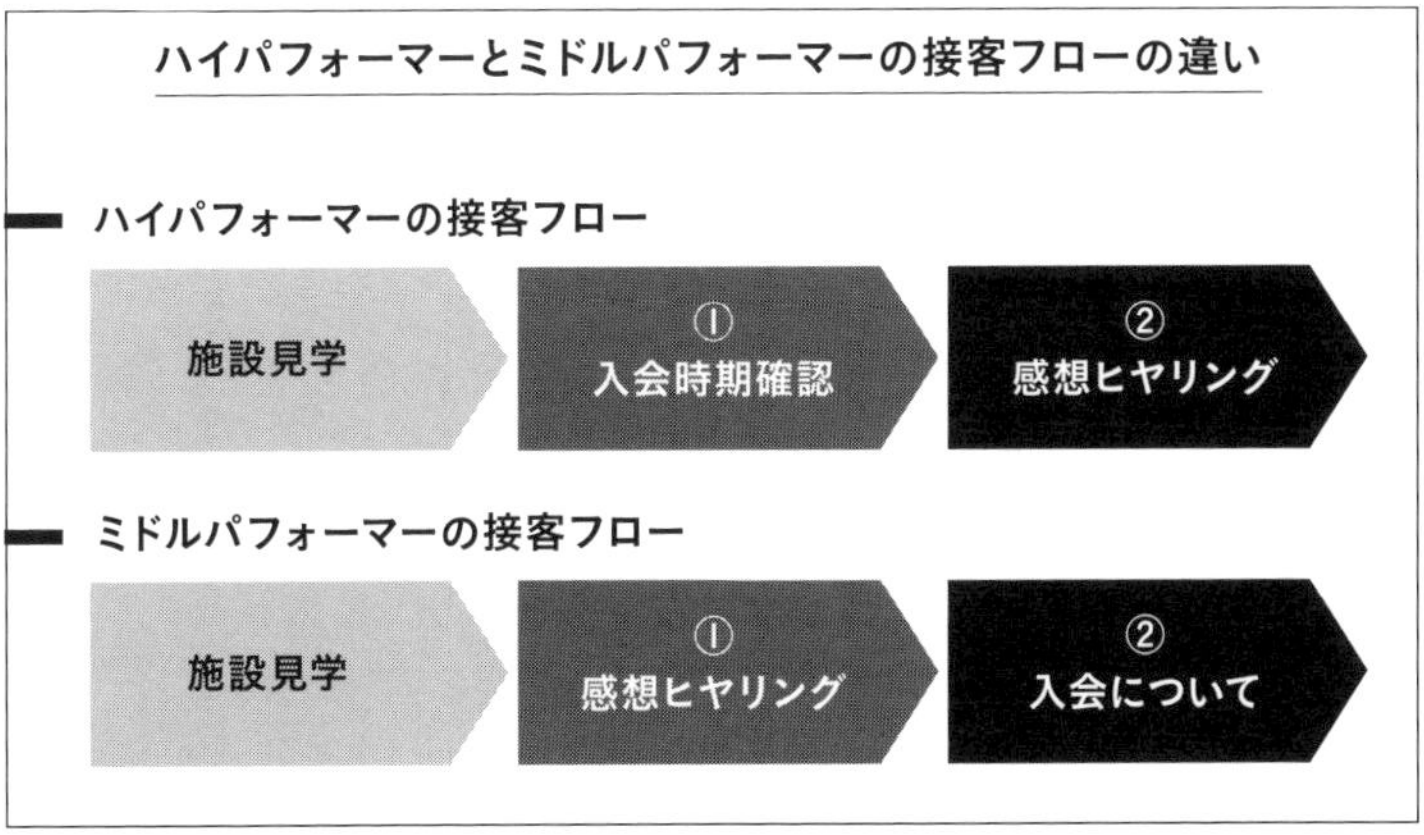

ハイパフォーマーとミドルパフォーマーの接客フローの違い

■ハイパフォーマーの接客フロー

施設見学 → ①入会時期確認 → ②感想ヒヤリング

■ミドルパフォーマーの接客フロー

施設見学 → ①感想ヒヤリング → ②入会について

施設に問題があるのだと納得していたのです。

ハイパフォーマーのYさんは、そもそも来館して、施設見学している方は、よっぽどの不満がない限り、入会したいはずだと仮説を置いているわけです。だから、「いつから入会して、利用するか」を確認できるわけです。

しかし、ミドルパフォーマーはそうではありません。正確に表現すると、そこまでの洞察や仮説を持たずに接客しているのです。そこに大きな差異があったというわけです。

ハイパフォーマーは入会を決めてから、「②感想ヒヤリング」をしています。これは入会のためにやっているのではないのです。感想を伺うと当然小さな不満が出るかもしれません。この不満についても、**「会員のみなさんと一緒により良い施設を作りたいので、細かいこと含めて問題を教えてください」**と聞くのです。「一緒に」というのもポイントですし、その問題がしばらくするとカイゼンされていれば、その方は、「良いクラブに入会した」と継続利用する可能性も上がるのです。

このハイパフォーマーのYさんの接客フローをビデオにして、他店舗に展開したところ、体験入会率が80%以上になったのです。

爆伸びポイント

ハイパフォーマーとミドルパフォーマーを比較してポイントを特定する。ハイパフォーマーが好業績を挙げているのは、本人が意識せずに実施していることがポイントであることも多い。

再現性を高める③

部下の頑張りが評価に変わる！上司への働きかけ

これは、大組織にいるリーダーのPost（振り返り）に有効な方法です。場面で言うと**自分の部下の仕事を上司や人事部門に正当に評価してもらうため**の手順です。

かつて私が属していたリクルートワークス研究所で所長を務めていた大久保幸夫さんから教えて頂いた方法です。私には、この観点が無かったので、「さすが！」と思いました。

一般的に、期末の査定は、会社員にとっては重要なイベントです。しかし、企業、特に大組織に属していると、組織ごとに「サイロ化」しているので他の組織の仕事の成果が見えないことも少なくありません。つまり、場合によっては自分の部下の仕事を正当に評価してもらえないことが起きるのです。

たしかに私は、会社員時代、良い仕事をすれば、当然評価されるだろうと思っていました。しかし、かなりの成果を挙げたつもりなのに、思ったほど評価されないこともありました。

大久保さんは、「メンバーの成果を正しく評価してもらうためには、『上司や人事部門が、その成果を正しく把握する必要がある』。そのために、**上司や人事部門が理解しやすい『色を付けると良い**」のだと言います。そして戦略的に「色付け」する方法論として、私に次のように伝授してくれました。

■色付けと組織外へのアピール

色付けのステップは次の7つからなります。

①　絞り込み

期初設定したすべての主要業務がすべてうまくいくことはありません。自身が介入し、途中で筋のいい形にするのはどれか、目星をつける。

② 取り上げられる可能性

ミッションのうち社内外で取り上げられやすいことを意識し、色付けを準備します。社内外のトレンドに合っていることが重要。

③ 感触を探る

「色付け」したものをデリバリーする。たとえば、全社方針を具体的に実施した最初の事例、業績に大きなインパクトをもたらす可能性がある事例、地味に見えるけれど、全社に先駆けて実施した事例など。これを周囲に伝えながら、反応を探る。感触が好ましくなければ、①、②に戻る。

④ 根回し

査定を行う上司に対して、高い査定をつけるための根回しと社内外表彰対象への刷り込みを行う。

⑤ 取り上げてもらう

社内報で取り上げてもらう。加えて広報などを介してマスコミに取り上げてもらえるよう活動する。これらにより、仕事の成果の「見栄え」を良くする。

⑥ 上司に武器を与える

上司の上司の業務を翻訳し、上司が今回の成果の価値を人事部門に説明できるようにする。

⑦ 本人へのフィードバック

直属の上司以外（上司の上司、人事部門）からも本人にフィードバックが入るよう働きかける。こうすると、自分の仕事の成果を再確認し、仕事に対してさらに前向きに取り組むようになる。

自分の仕事に対して、このように社内調整、社内活動をしてくれる上司は本当に有難いです。同じ仕事をしても、より価値を伝わるようにしてくれ、評価を高めてくれるわけです。

もちろん部下が評価されると、上司（この場合は大久保さん）の評価も高くなります。どちらにとってもメリットがあるのです。

私が主催している経営者塾（中尾塾）でも、上手に社内活動をしている執行役員がいます。彼女は自分の上司である取締役と部下であるメンバーを上手につなぐ役割をしています。彼女は、自組織のメンバーの良い仕事を見つけると、**直接その場で褒める。それに加えて自分の上司の取締役にも報告しています。**

上司の取締役にとっても、この情報を得られることで現場メンバーの良い動きが分かります。その取締役が、メンバーと話をした際に、そのメンバーの良い仕事について称賛することができます。メンバーは上司の上司である取締役から褒められて嬉しい。そして、良い仕事をしているメンバーの情報を上司の取締役に定期的にインプットし続けることで、期末の査定時に、メンバーを正当に評価しやすくなるのです。

ちなみに彼女は、**「1週間に5人褒める」**を自身の目標にしています。1日1人ということです。これならみなさんもできそうですね。

爆伸びポイント

自分の部下の仕事を上司や人事部門に正当に評価してもらうために、メンバーの成果に「色を付ける」。

再発を防止する

組織の「悪い兆し」を収集する

Post（振り返り）の目的の2つめが、「うまくいかなかったことは、再発防止する」です。うまくいかなかったことの原因を考察します。

そして、**類似の仕事をする際に再発しないように「予防する」、あるいは起こった場合も「発生時対策」を準備しておく**のです。

成功からは達成感が得られます。そして失敗からは、知識、経験、思考などから一般化された体験を「学習できる」のです。さらに因果関係を把握し、「モデル化」できれば、正しい対応ができるようになります。

失敗を研究する「失敗学会」という組織があります。つまり、「失敗から学ぶこと」を研究する学会です。そこには、技術を進歩させた世界三大失敗について次のように触れられています。

タコマ橋の崩落

るでしょう。

「失敗から学ぶこと」がイメージしやすくな

① **タコマ橋の崩落**

自励振動（一定の外部の力。この場合は風）が原因。当時の設計では想定していなかった未知の自励振動を受けているのに、対象物（タコマ橋）の内部因子により振動がどんどん成長する現象により崩落した。これ以降は、頑丈な合成補強部材を橋桁に取り付けるという再発防止がされている。

② **戦時標準船の沈没**

急ごしらえで作ったリバティ船に多くの損傷が起きた。それは、鋼材の溶接不良に加えて、低温脆性、水素脆性、応力集中の複合要因が原因であった。その後、溶接しやすい鋼材が開発され、破壊力学により定量評価ができるようになり再発防止された。

③ コメット機の墜落

世界最初のジェット機が想定の10分の1の1290回の飛行で破壊、墜落した。アンテナ窓を起点とする金属疲労が原因であった。それ以降は、完全機体により1号機は静強度試験、2号機は耐久性評価試験により破壊強度特性評価をすることになり、再発防止された。

失敗を正確に振り返ると、多くを学べることが理解できたでしょうか。しかし、失敗そのものを把握するのが案外難しいのです。

■ 失敗は表立って現れない

再発防止をするためには、失敗を把握する必要があります。しかし、そのためには、**失敗を伝えたくないという人間の心理を超える必要があります。**

失敗を隠そうとするのは、現場だけではありません。企業の経営者でもそうなのです。

大手ハウスメーカーが地面師に55億円以上を騙し取られた事案が起きました。その原因は杜撰な審査と取引だったという調査報告書を当時の社長が隠ぺいしました。

大手電機メーカーは、アクティビスト（物言う株主）の提案を退けるために、裏で不当な影響を与えようと画策していました。結果、定時株主総会は「公正に運営されたものとは言えない」と評価されました。

大手光学メーカーは、長年粉飾決算をしていました。その粉飾を知った当時の社長が不正を正そうとした途端に、隠ぺいし続けたい当時の会長が主導した取締役会で社長を解任しました。

現場でも失敗を隠すことはたくさんあります。

大手電機メーカーは、長年にわたり鉄道向けの空調機器やブレーキなどで使う空気圧縮機で不正な検査を長年行っていました。

大手重工メーカーも航空機部品で長年にわたり不正検査を続けていました。

世界を代表する欧州の自動車メーカーに至っては、検査をごまかすソフトウエアまで作っていました。

大手食品メーカーは、停電事故で汚染された乳原料を再度使って、食中毒を起こしていたことを隠していました。それが原因でこの工場は閉鎖しました。

首都圏の地下鉄で起きた「せり上がり脱線」は、既に他の鉄道でも起きていましたが、会社を超えた対策の共有はなされていませんでした。

会社だけではありません。日本国中で津波の被害がある地域には「ここより下に家を建てるな」という碑がある場所が多いのです。ところが、それは守られず、それよりも低い場所が宅地造成されるのです。

リーダーが積極的に失敗を見つけ、それから学ぶ姿勢を見せない限り、失敗は見つからないのです。

■「組織が失敗を生み出す」と考える

なぜ失敗を隠すのか。

繰り返しになりますが、**失敗を報告すると、「特定の人が原因だ」としがちだからです。**

たとえば、「どうして失敗が起きたのか?」と原因を聞くと、次のような回答が返ってくることがあります。

- 担当者の無知
- 担当者の不注意
- 担当者の手順の不遵守
- 担当者の誤判断
- 担当者の準備不足

担当者の悪意があった場合はともかくも、実際は、そのような（教育されていない）担当者にその業務を担当させている組織に問題があると考えてみてください。**その前提で考えるだけで、発想が変わります。**そして、この前提で類似の失敗が起きないように再発防止策を検討するのです。

そもそも組織が失敗を生み出しているケースも少なくありません。重大な失敗には、組織原因があることが少なくありません。

たとえば、**「行き過ぎた〇〇」**です。〇〇には、品質、ノルマ、コスト削減、安全性、時間厳守などが入ります。たとえば、本来は不要な「行き過ぎた品質」と「行き過ぎたコスト削減」「行き過ぎた納期厳守」などを同時に顧客が要望するケースです。それを上司や営業が受けてしまいました。高い品質と安いコスト、そして早い納期。これらは本来、同時に実現しません。ここに社内からの「行き過ぎたノルマ」が加わると、さらに悲惨な状態になります。担当者は、コスト削減や納期厳守、そしてノルマ死守のために、やむにやまれず使ってはいけない安価な部品や材料を使って製品を製造するかもしれません。結果、不正受注や自分でその商品を購入するなどという事例が発生します。これなどは、個人の問題ではなく、間違いなく組織の原因でしょう。

このような極端なケースでなくても大なり小なり、組織の「行き過ぎた〇〇」による重大な失敗が起きるのです。

私が学んでいた社会人大学院で、講師に「行き過ぎた時間厳守」を要望するケースがありました。結果、その講師は時間に意識が行き過ぎて、せっかくのコンテンツの品質が低下してしまいました。

■ ヒヤリハットを早く見つけるには

では、どうすればいいのか。

一般論ですが、**リーダーがやるべきは基本的には逆張りです。**うまくいっているときは、どうしても判断が甘くなりがちです。その結果、経費は増え、生産性は下がっていきます。その無駄をどうやって省くのかがリーダーの仕事です。つまり、うまくいっているときこそ、ダメなところを探す。たとえば経費削減などを考えます。

逆にうまくいってないときは、良いところを探す。そこに投資するのです。

さらにレベルの高いリーダーは、うまくいかない状態の前に、その悪い芽を摘んでしまいます。

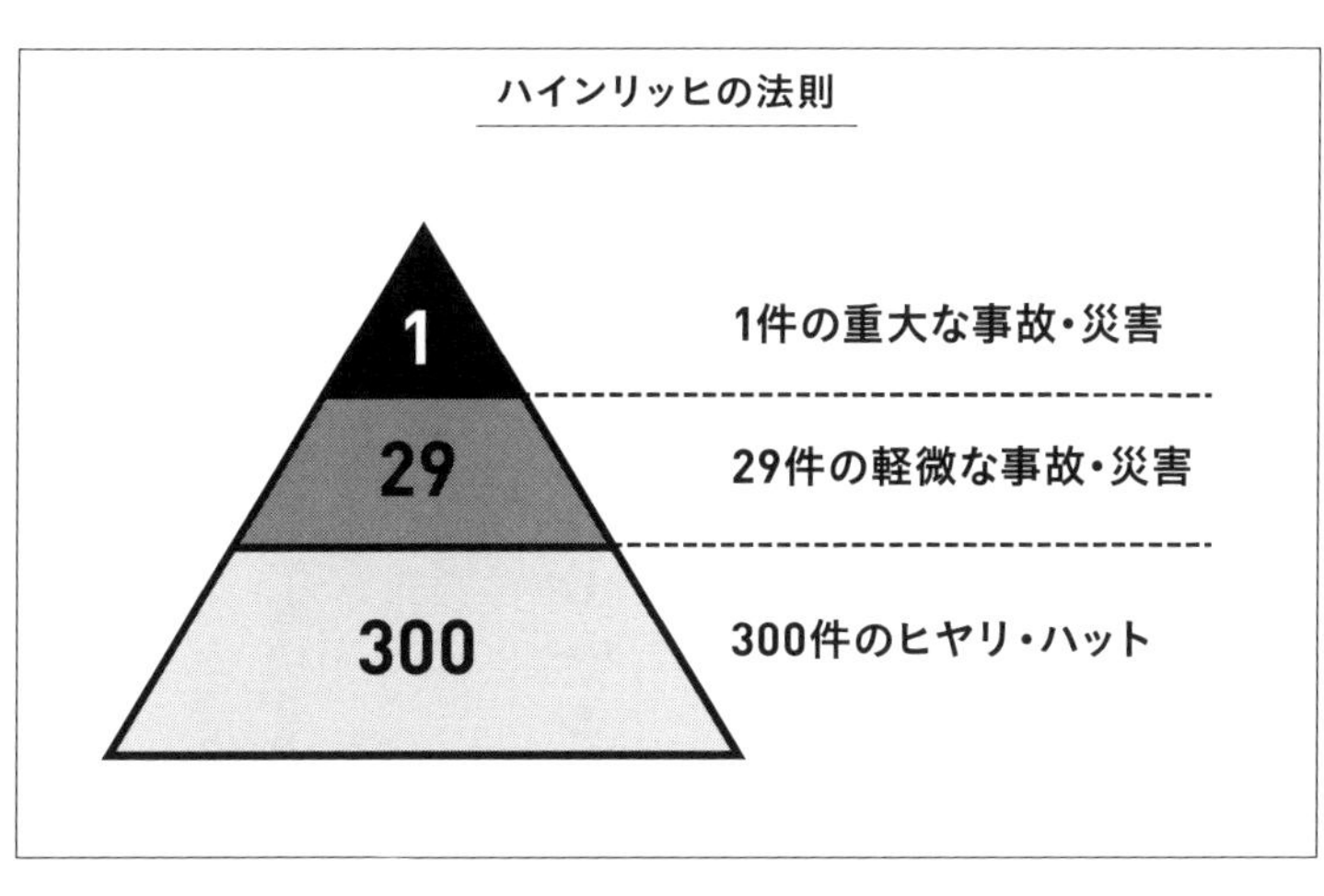

つまり、うまくいかない状態になるのを予防するのです。

そのために組織として取り組むと良い習慣がありま す。それは「悪い兆し」を見つけるための習慣です。

アメリカの損保会社の調査部長のハインリッヒ氏が見つけたハインリッヒの法則をご存知ですか。

「ハインリッヒの法則」は、事故の発生についての経験則です。**1件の重大事故の背後には、重大事故に至らなかった29件の軽微な事故が隠れており、さらにその背後には事故寸前だった300件の異常、いわゆるヒヤリハット（ヒヤリとしたりハッとしたりする危険な状態）が隠れている**というもので、「1：29：300の法則」とも呼ばれます。

この法則の教訓は、大事故を未然に防ぐためには、日頃から不注意・不安全な行動による小さなミス、ヒヤリハット情報をできるだけ早く把握し、対策を講じることが必要だということです。

一歩間違えれば大事故が起きる可能性が高い業種、たとえば製造業や建設、運輸、医療では既にハインリッヒの法則の大切さが広く浸透しています。さらに現在では、オフィスワークの領域でも活用されています。

■「悪い兆し」を最速で把握する仕組みとは

私がリクルートテクノロジーズの社長を務めていたときの方法を紹介しましょう。

当時、私含めて取締役会参加メンバーは、3人でした。取締役会終了後、30分よもやま話をしていました（よもやま話は、リクルートグループの中で雑談をする会議のことです）。そのときに定例として「悪い兆し」「良い兆し」「トピックス」を共有していました。

経営にとって1秒でも早く「悪い兆し」を把握することは最重要課題です。これは会社だけではなく、事業部、部、課、チームなど「組織にとって」と言い換えても同じです。

悪い兆しが上がる組織を作るアメとムチ

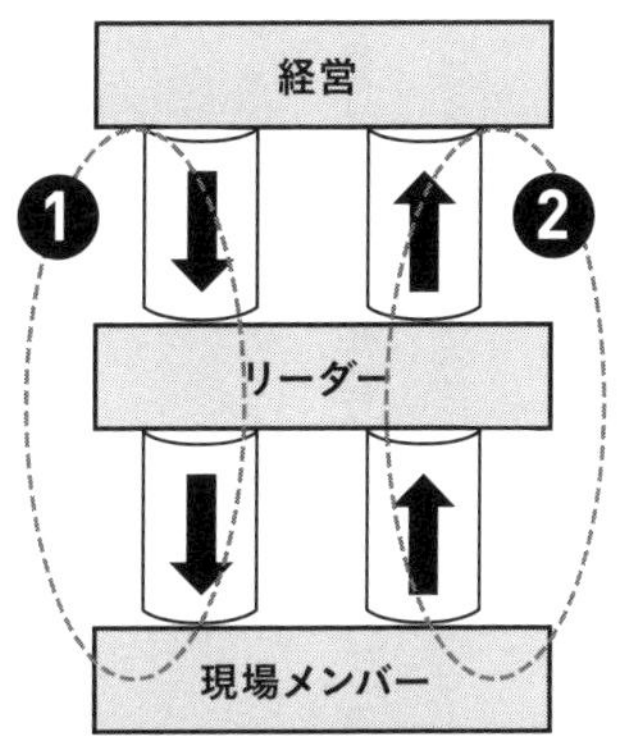

アメ 上がってきたら、「自分で対応しろ」ではなく、「ありがとう」で応える。事前に上がってきた「悪い兆し」に対しては叱らない。

ムチ 「悪い兆し」に上がってこないで「悪いこと」が起きたら、叱る。そして「パイプの詰まり」を見つけ、取り除く。

悪い兆しが上がらない組織の2つの特徴

❶ 経営 ➡ リーダー ➡ 現場メンバー向きのパイプ
❷ 現場メンバー ➡ リーダー ➡ 経営向きのパイプ
どちらかに「詰まり」がある

当時の私たちが必ず把握していた**「悪い兆し」は、「退職」関連と「顧客」関連でした。**つまり、従業員の誰かが辞めるかもしれない、主要顧客が当社との取引を減らすかもしれない、といった「悪い兆し」です。

これらを毎週、取締役会参加メンバーで共有していました。

この成果もあり、リクルートテクノロジーズの離職率は1桁台前半と、エンジニア組織としては異常なリテンション（「離退職の引き止め」施策）を維持できていました。

そして、悪い兆しに上がってこず、悪いことが起きた場合、経営から現場に至るどこに詰まりがあるかを把握して、それを取り除くことで、悪い兆しを把握する仕組みを磨き続けていました。

「悪い兆しを収集する仕組み」について、参考になる記事をご紹介します。

弱みを見せあえる組織の作り方：「悪い兆し」早く共有できる仕組みでトラブル激減

https://www.businessinsider.jp/post-167417

爆伸びポイント

失敗は、個人が原因ではなく、仕組みの問題であると考える。
悪いことが起きる前の、「悪い兆し」の段階で情報収集を行う。

振り返りから学ぶ①

査定と評価のFB

唐突ですが、質問です。

リーダーにとって最も重要なミーティングはどれだと思いますか？

目標設定の面談、日々の面談、定期的な面談、中間面談、振り返り面談、評価FB（フィードバック）面談。あるいは定例の朝会、部会や課会などたくさんのミーティングがあります。

その中で最も重要な場面は何か、すぐに回答できる方は少ないのではないでしょうか。

私は、**評価FB面談**だと思うのです。つまり査定のFBをする場です。

リーダーにとって、最も失敗しやすい場面が評価FB面談だからです。

これは、私が研修会社のマーケティング責任者をしていた経験によります。

いわゆるリーダー向けの階層型研修（課長研修、部長研修など）に加えて、スキル研修開発を検討している際に気づいたことです。

評価ＦＢ面談は、一般的には、前期の査定結果をＦＢするミーティングだと考えられています。それだけを伝える場だと勘違いされています。もちろん査定結果をＦＢし、査定の納得性が高ければ、来期も頑張ってくれます。ところが、その納得性が低いと、来期の業務へのやる気を損ねてしまうのです。そして、そのような失敗をするリーダーをたくさん見てきました。

つまり他の面談と比較して、その巧拙によるインパクトが大きいのです。

そもそも査定のＦＢをする段階になってしまっては、その査定結果を変えることはできません。つまり、「査定のＦＢ」だけでは、上司がメンバーと対話する武器が少ないのです。

では、どうすれば効果的な面談ができるのでしょうか。

効果的な評価ＦＢ面談を行うにもＧ‐ＰＯＰマネジメントが活用できます。

つまり、この面談におけるＧ‐ＰＯＰの①Ｇ（ゴール・目的）の明確化と②Pre（事前準備）です。それぞれのポイントを説明しましょう。

まず①G(ゴール・目的)の明確化です。

これは目的をどのように設定するのか、です。評価をFBする面談という名称ですから、評価結果を伝えることは最低限必要です。たとえば、10段階評価で標準が5の場合に、そのメンバーの評価数値を伝えるということです。ただ、数値を伝えただけでは、メンバーが納得しないかもしれません。

加えて必要なのは、その評価にした「理由」です。当然ですが、「他人(上司の上司や人事部門)が付けた評価だ!」では、理由を説明したことになりません。評価結果について、きちんと理由を説明することがポイントです。つまり、査定結果と理由を伝えるためには、②Post(振返り)することが最低限必要です。そして評価結果をメンバーに納得してもらうこと。

繰り返しになりますが、評価結果はあくまでも過去です。今更変更できません。今から始まる未来、つまり**来期のミッションについて対話し、コンセンサスを得ることがより重要になります。**ですから、そのメンバーにこれから担ってもらうミッションの重要性をきちんと伝え、エンパワーメント(やる気になってもらう)する必要があるのです。その際に、メンバーの将来のビジョンなどと接点を作ることができれば、うまくいく可能性が高まります。

つまり、ついつい過去の評価の話に終始しがちな評価FB面談を、いかに未来に向かって**頑張**

っていくのかを対話する場にできるかが、このＦＢ面談のGoalであり、最大のポイントなのです。

Post（振り返り）だけではなく、次回に向けてのGoal設定とそのためのPre（事前準備）が必要なのです。つまり、Ｇ－ＰＯＰマネジメントを回転させることが重要なのです。

さて、②Pre（事前準備）についてです。私はメンバーの評価ＦＢ面談の際に、次の２項目を準備して伝えるようにしていました。１つは**「感謝していること（エピソード）」**です。具体的には、そのメンバーのおかげでできたこと、あるいは私自身が助かったことです。

これをきちんと伝えるためには、評価ＦＢ面談直前に考えただけでは付け焼刃になってしまうので、日常的にメモしておくことが必要になります。これを期末にプリントアウトして渡します。すると、評価ＦＢ面談の場がなごみます。アイスブレークやラポールネタとしても最適です。

もう１つ伝えていたのは、**メンバーのWill（やりたいこと、なりたい姿）を私自身がどのように把握しているのか**です。まだ把握できていない場合は、それを正直に伝えます。できる限り、このWillに近づくようにミッションを設定したいことをメンバーに伝えます。このずれをなくす努力により、メンバーのWillと新しいミッションの接点を作りやすくなります。

また、期末になってから、今さら変えられない結果や評価について上司（評価者）とメンバー（被評価者）間で差を生み出さないようにしておくのも重要です。

私の所属していたリクルートでは、**中間面談**という方法で、この差を生み出さないようにしていました。中間面談は、期の中間、たとえば4～9月の半期が査定対象期間であれば、その中間である6月か7月に実施する面談です。この中間面談では、上司（評価者）とメンバー（被評価者）両者で、**このままだと成果はどうなりそうで、それに伴い評価がどうなるのか、確認します。**

そして両者に差がある場合、残りの数カ月でそれをどうやって解消するのか作戦会議するのです。

爆伸びポイント

評価FB（フィードバック）面談のポイントは、①最低限過去をきちんと振り返る。そしてできれば②未来を向いて前向きに取り組もうとする状態を作る。「未来」がメンバーの将来のキャリアやWillと関連できればさらに良い。③面談での冒頭にそのメンバーに感謝と要望をFBするとさらに効果的。これを実現するにはメンバーを日々観察してメモを残しておくのが有効。

振り返りから学ぶ②

目標数字と評価の最適なバランス

人事評価、査定のFB、つまりG－POPのPost（振り返り）をする段階になって、そもそも「設定したGoal（目標）が高すぎた」という話が出るケースがあります。過去は変えられないので、このタイミングで言われても、どうしようもありません。

前述した中間面談をしておけば、少しは状況が緩和されるケースもあります。また、結果が出なかったので目標に不平不満を言っているケースもあるかもしれません。いわゆる後出しじゃんけんですね。

そもそもどうすればよいのでしょうか？　過去に遡って過去のGoal（目標）を変更することはできませんから、FB面談時に、次回のGoalについても触れれば良いのです。

観点は2つです。

1つは、**目標を何に使うのか**、です。一般的に目標設定し、その達成率で評価することが多いのではないでしょうか？　そして達成すると良い評価が付き、未達成だと評価が悪くなる。つまり、目標と評価が強くつながっていると考えるわけです。

すると、心理として「目標額を下げたい」というインセンティブが働きます。当然ですね。目標額を下げると、達成がしやすくなるからです。

つまり、目標を達成率で評価すると、「目標額を下げたい」インセンティブが出るわけです。それなら、どうしたら良いのかというと、**事前に達成率をどのように使うのか決めておけば良いのです。**

たとえば、達成率だけで評価するのであれば、目標数値を下げたくなるのは当然です。一方、**「達成率が評価指標のうちの1つ」**だとするとどうでしょうか。影響は小さくなります。

私自身がリクルートにいた時代、管理部門に精度の高い目標を設計するように依頼していました。精度が高いとは、**全組織のうち7割程度の組織数が目標達成することを目安にしていました。**10チームあれば7チームくらいが目標達成する水準です。

そして現場組織にも自組織の目標の原案を作ってもらいます。そして、それらを比較して目標を決定します。もし、現場が管理組織の提示した目標よりも「下げたい」と言ってきた場合、意

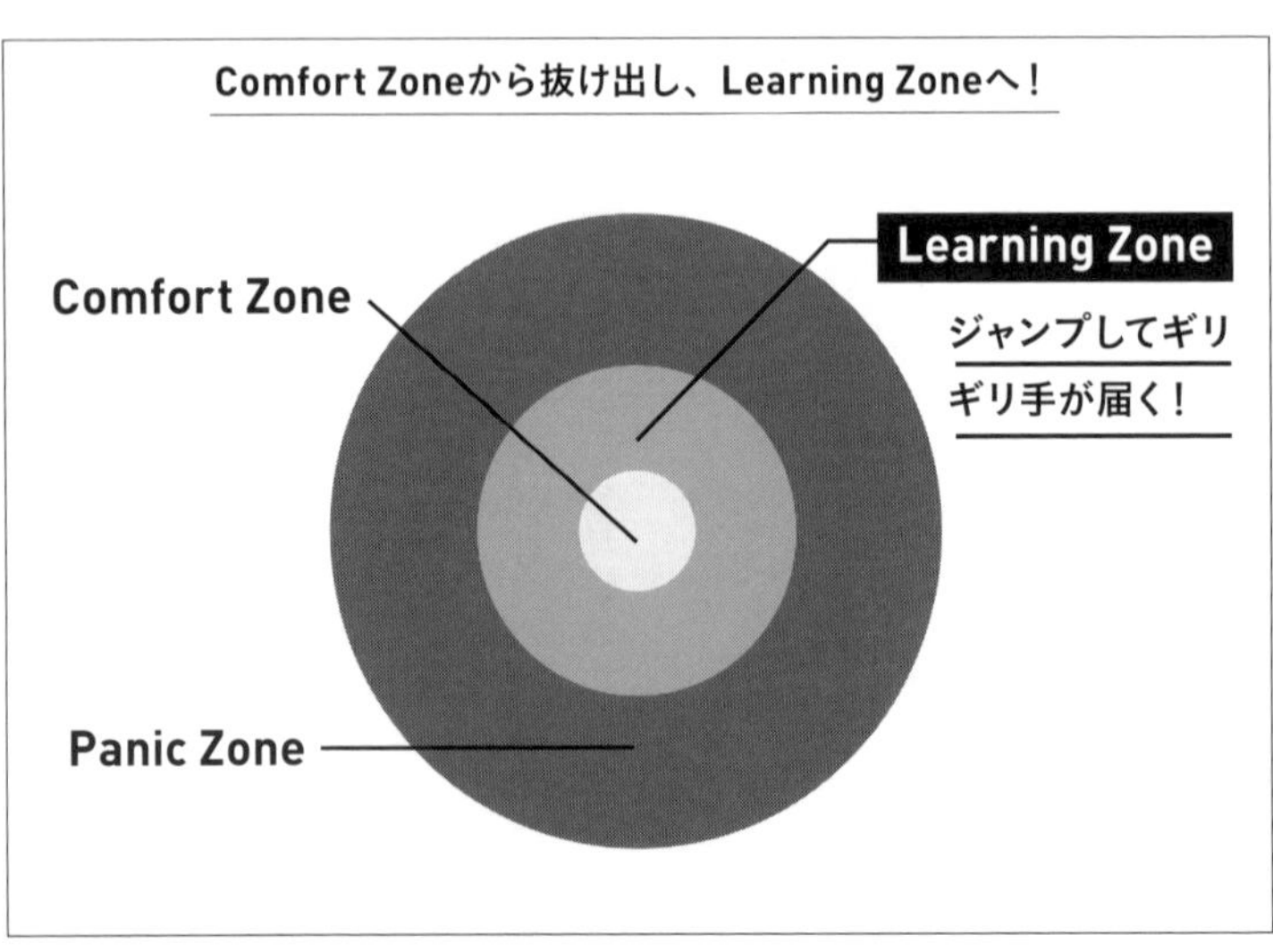

外に思うかもしれませんが、それを基本承認します。

ただし、目標を下げた組織が、**いかに最終的に高い数値を上げたとしても、その高い達成率としては、評価しないことをルールにしていた**のです。これは交渉により目標を下げた組織が得をするようなことにならないためでした。

このコミュニケーションを続けると、**管理部門と現場に良い緊張感ができて、目標設定時にもめる頻度は大幅に減っていきました。**

すると、**「どのぐらいの水準の目標がベストなのか」**という問いが生まれます。これは、前述のように、管理部門に目標原案を作成してもらい、現場組織にも目標案を作成してもらう際の判断基準になります。

そこで参考になるのがミシガン大学ビジネススクールのノエル・M・ティシー教授が提唱したLearning Zoneモデルです。これは、成長するためにはComfort Zone（居心地のよい状況：楽に達成できる目標数値）ではなく、**Learning Zone（学びが必要な状況：努力しないと達成できない目標数値）**を設定するというもの。ただし、それを高めすぎてPanic Zone（パニックが起きて諦めてしまう状況：あまりに高くて無理だと思う目標数値）にしてはいけないと言います。

私がいたリクルートでは、目標数値を2段階でつくっていました。1つは、ここまでは確実に達成できると思う目標数値。MustやHonestなどと呼んでいました。もう1つは、できればここまで行きたいというWillやAspiration（意思）目標です。

爆伸びポイント

目標数値は、Learning Zone（努力しないと達成できない目標）に設定することが望ましい。Comfort Zone（楽に達成できる目標）にしたくなるのを避けるには、目標をどのように評価に使うのかを説明すると同時に、2段階（確実に達成できる目標とここまでやりたいという意思目標）に設定するのも1つの解決策。

振り返りから学ぶ③

ロングミーティングで失敗もオープンにする文化をつくる

組織でPost（振り返り）の習慣化に有効な方法です。規模や業種は問いません。

私が29年在籍したリクルートには様々なPost（振り返り）の仕組みがあります。特に現場のナレッジマネジメントはとても充実しています。

たとえば、卓越した業績を挙げた人は、表彰されインセンティブ（報奨金）をもらえます。それに加えて、全社で年に1回、その**卓越した業績を挙げられたポイントを大勢の同僚の前で発表する機会を持つのです**。発表する本人には、プレゼンテーションのプロによる指導も入るほどの力の入れようです。

プレゼンをする本人も誇らしいですし、聞き手はその内容から業績を高めるポイントを学べるので一石二鳥でした。

本当に素晴らしい仕組みなのですが、改良の余地がありました。それは、成功事例からしか学べないということです。前述のようにPost（振り返り）の目的は2つあります。

①　うまくいったことは、再現性を高める

②　うまくいかなかったことは、再発を防止する

リクルートの前述の事例は、この①についての話なのです。実は、②の失敗から学ぶことも多いのです。

一般的な話ですが、**成功には偶然はあるのですが、失敗は必然です**。本質的行動をしても失敗することはあります。しかし、本質的な行動をしないと、必ず失敗するのです。つまり、失敗をPost（振り返り）することで、失敗から学べることは多いのです。

しかし、表彰の場で、失敗を発表するのは運用がかなり難しいわけです。

『トム・ピーターズのサラリーマン大逆襲作戦2　セクシープロジェクトで差をつけろ！』には、

「目覚ましい失敗には褒美を出す。平凡な成功は罰する」のが良いとあります。しかし、実際にできている組織は極めて限られています。

そこで有効なのが、この**「ロングミーティング」**です。これは組織ごとに**「主要業務」を「すべてPost（振り返る）する」という仕組み**です。

「すべて」「Post（振り返る）する」がポイントです。成功事例も、一般的な事例も、失敗事例も全てから学ぶことができるのです。

ロングミーティングは、期末に実施します。主要ミッションのメイン担当者は、次の6項目（①～⑥）について資料を作成し、従業員に事前開示し、ロングミーティングを迎えます。

組織責任者、管理職を含めた参加者は、ロングミーティング前に、開示された資料の各項目に目を通し、感想や質問を記載します。

① 当初のGoal

② 当初の計画・達成基準

③ プロセスの工夫

④ **定量・定性の成果**
⑤ **残課題または今後の課題**
⑥ **他メンバーに共有すべきポイント**

①②は、G－POPのGoal（ゴール・目的）とPre（事前準備）にあたります。期初にこの2つを明確にしておきます。これは前章で触れた**「承認する際に振り返るポイントを明確にしておく」と連動している考え方**です。この2つが明確なので、振り返るポイントも明確です。そしてPost（振り返り）は、③に再現性を高めるポイント、⑤に再発防止のポイント、⑥に総括を記載します。

ロングミーティング当日は、主要業務すべてについて振り返ります。繰り返しになりますが、すべてですので、「成功」も「失敗」もあります。すべてをありのままに振り返るのです。結果、組織に成功事例も、失敗事例もたくさんの学びが生まれます。

つまり**成功事例からは再現性を高めるノウハウが、失敗事例からは再発防止のノウハウが学べる**のです。

参加したメンバーは、自分の属していない組織の仕事の進め方を学べます。そして、この情報がストックされていくことで、新しく組織に参加したメンバーが、過去の経緯を学ぶことができるのです。つまり自ら学べる、自律自転しやすい風土も作れるのです。

■ 評価者、被評価者、新人、すべてにメリット

メリットは、これだけではありません。**ロングミーティングを実施すると、評価や査定がしやすくなります。**

それは、主要ミッションの振り返りを相対的に比較ができるからです。査定する側から言うと、比較できるというのは大きなメリットです。しかもロングミーティングの回を重ねるごとに、参考にできる評価事例も集まってきます。しかもメンバーも相対的に自分の仕事の成果を把握できます。自分の成果に対しての自己評価の基準もできていきます。結果、全体最適な評価ができるようになるのです。

加えて、ロングミーティングの情報をストックしていくと、**新しく組織に参加したメンバーの**

立ち上がりが早くなるのです。ロングミーティングで振り返っている情報は、業務の引継ぎ情報として有効なのです。

通常の業務引継ぎは、人によって巧拙があります。しかし、この情報が過去に遡って一カ所に残っていくのです。引継ぎがうまくいき、新メンバーの立ち上がりも早くなります。

様々な観点でメリットがあるので、ロングミーティングはお勧めです。

爆伸びポイント

組織全体で主要業務を半日から1日（つまり長い時間なのでロングミーティング）かけてすべて振り返る。そこでは成功事例も失敗事例もすべて振り返る。それによって、組織にPost（振り返り）の習慣ができる。査定や評価にも役立つ上に、主要業務の振り返り情報がストックされていくので、新しく組織に加入したメンバーの業務理解にも役立つ。

おわりに

この本は、私にとって11冊目の本になります。

そしてずっと書きたかったG－POPマネジメントについての本になります。


しかし、かなり難産でした。

書きたい思いが強すぎて、当初はマネジメント全般の話から書いていたのです。

マネジメントとリーダシップは何が違うのか。

そんな大上段の話から書き出しました。

でも、なにかそれは私が書く本ではないなと思い、半分くらい書いていた原稿を没にして、もう一度最初から書き直したのです。


そして、書き直すときに、考えました。

何を伝えたいのか。

G－POPマネジメントをやって欲しい。
G－POPマネジメントを活用してGC（グループコーチング）をして欲しい。
そうすると、自然と自律自転する人・組織ができるからです。
そうなる人や組織をたくさん見てきたのです。
そして、これからも見たいのです。
自律自転すると仕事が楽しくなるのです。
毎日仕事をするのが楽しくなるのです。
私は、そんな人を1人でも増やしたいと思っているのです。

そう考えると、どうしても書かないといけないことがありました。
それは、私がなぜこのG－POPマネジメントにたどり着いたのかということです。
そして、これを書くには、自分の失敗談に触れないわけにはいきません。
失敗した話ってあまり書きたいものではありません。
しかも、この失敗談を書くと、もしかすると嫌な気分になる人もいるかもしれません。

でも書かずにはいられなかったのです。

書いた今は、爽快な気分です。

この本の内容は私1人で作り上げたものではありません。一緒に中尾塾を運営してくれている鈴木利和さん、森田敦子さん、後藤正樹さん、平手喬久さん、毛利雅一さん。中尾塾に参加してくれている仲間。そしてGCを一緒に広めてくれている谷口彰さん、吉田美香さん、小紫真由美さん。G-POPマネジメント版のGCを導入してくれた企業経営者、そして参加者のみなさんと一緒に作り上げたものです。本当にありがとうございます。

そして、難産になったにもかかわらず、最後まで付き合ってくれて、毎回適切なFBをして続けてくれた編集の米田寛司さんに感謝します。

この本が、みなさんの自律自転する人・組織づくりに役立つことを願っています。

中尾隆一郎

【著者紹介】

中尾　隆一郎（なかお・りゅういちろう）

◉──株式会社中尾マネジメント研究所（NMI）代表取締役社長。株式会社旅工房取締役。株式会社LIFULL取締役。株式会社博報堂DYホールディングスフェロー。LiNKX株式会社監査役。1964年生まれ。大阪府摂津市出身。1989年大阪大学大学院工学研究科修士課程修了。同年、株式会社リクルート入社。2018年まで29年間同社勤務。2019年NMI設立。NMIの業務内容は、1. 業績向上コンサルティング 2. 経営者塾（中尾塾）3. 経営者メンター 4. 講演、ワークショップ 5. 書籍出版、執筆。

◉─専門は、事業執行、事業開発、マーケティング、人材採用、組織創り、KPIマネジメント、経営者育成、リーダー育成、OJTマネジメント、G-POPマネジメント、管理会計など。

◉─著書に『「数字で考える」は武器になる』（小社刊、6刷）、『最高の結果を出すKPIマネジメント』（フォレスト出版、11刷）など10冊（21年11月時点）。Business Insider Japanで「自律思考を鍛える」を連載中。

◉─リクルート時代での29年間（1989年～2018年）では、主に住宅、テクノロジー、人材、ダイバーシティ、研究領域に従事。リクルートテクノロジーズ代表取締役社長、リクルート住まいカンパニー執行役員、リクルートホールディングスHR研究機構企画統括室長、リクルートワークス研究所副所長などを務める。住宅領域の新規事業であるスーモカウンター推進室室長時代に6年間で売上を30倍、店舗数12倍、従業員数を5倍にした立役者。リクルートテクノロジーズ社長時代は、リクルートが掲げた「ITで勝つ」を、優秀なIT人材の大量採用、早期活躍、低離職により実現。約11年間、リクルートグループの社内勉強会において「KPI」「数字の読み方」の講師を担当、人気講座となる。

1000人（にん）のエリートを育（そだ）てた
爆伸（ばくの）びマネジメント

2021年12月17日　第1刷発行

著　者──中尾　隆一郎
発行者──齊藤　龍男
発行所──株式会社かんき出版
東京都千代田区麴町4-1-4　西脇ビル　〒102-0083
電話　営業部：03(3262)8011㈹　編集部：03(3262)8012㈹
FAX　03(3234)4421　振替　00100-2-62304
http://kanki-pub.co.jp/
印刷所──大日本印刷株式会社

　ISBN978-4-7612-7586-0 C0034

かんき出版の好評ベストセラー

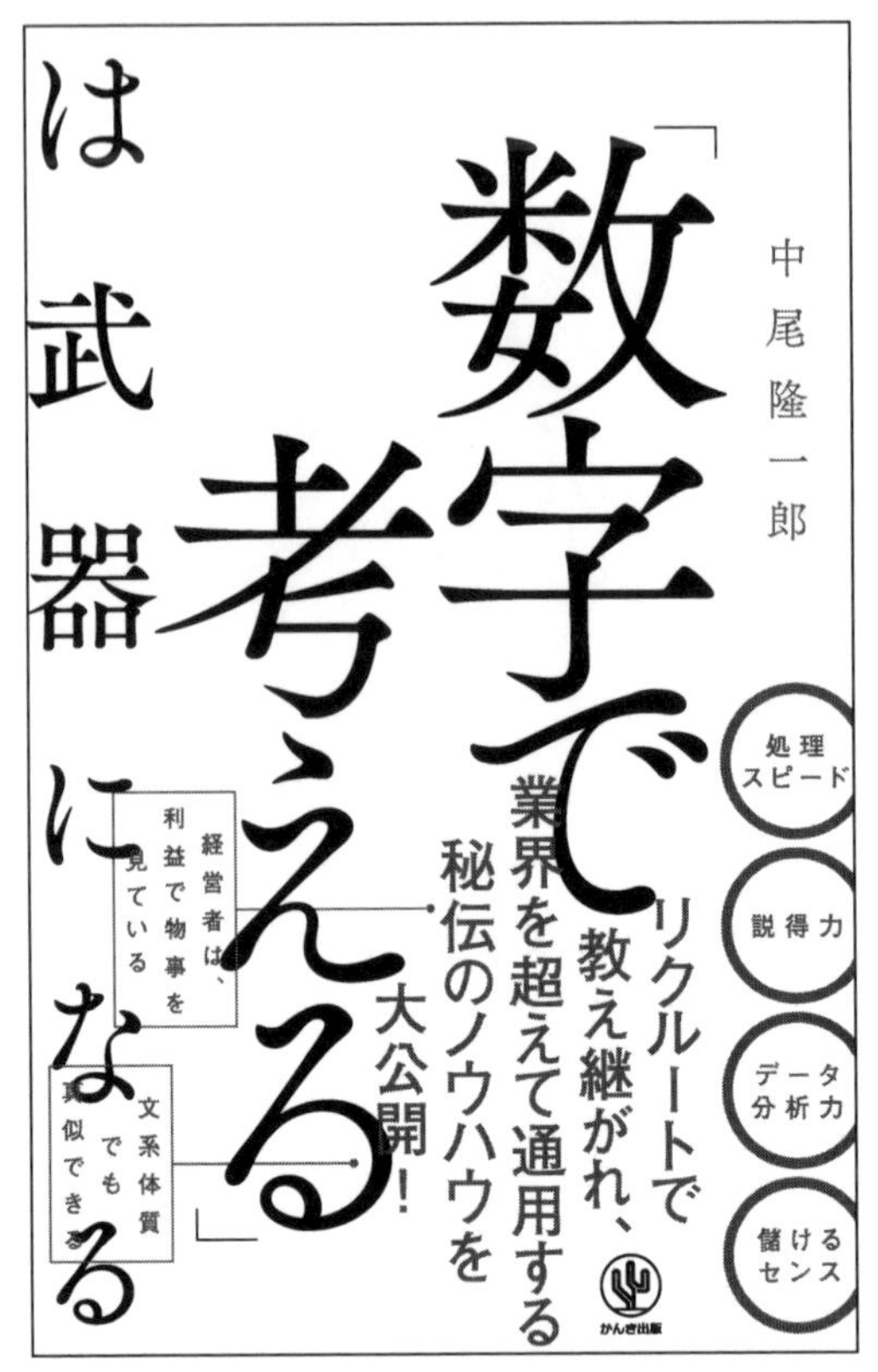

数字が使えると、
利益を生み出す「黒字社員」になれる！
あらゆる業界で今以上の結果が出せる！

『「数字で考える」は武器になる』

中尾隆一郎 著

定価：本体1600円＋税